金教鞭

幼儿园

早期阅读活动指导与实施

顾　问：林　菁

主　编：朱娜珍

副主编：孙彩霞

编　委：林晓丽　王　瑾　卓丽瑛
李秀云　徐灵芳　李璐瑶

海峡出版发行集团 THE STRAITS PUBLISHING & DISTRIBUTING GROUP | 福建人民出版社 FUJIAN PEOPLE'S PUBLISHING HOUSE

图书在版编目(CIP)数据

幼儿园早期阅读活动指导与实施/朱娜珍主编. --福州：福建人民出版社，2018.8（2022.4 重印）
ISBN 978-7-211-08041-0

Ⅰ.①幼…　Ⅱ.①朱…　Ⅲ.①阅读课－学前教育－教学参考资料　Ⅳ.①G613.2

中国版本图书馆 CIP 数据核字（2018）第 176689 号

幼儿园早期阅读活动指导与实施
YOU'ERYUAN ZAOQI YUEDU HUODONG ZHIDAO YU SHISHI

主　　编：朱娜珍
责任编辑：吴梅香
出版发行：福建人民出版社　　**电　　话**：0591-87533169(发行部)
网　　址：http://www.fjpph.com　　**电子邮箱**：fjpph7211@126.com
微　　博：http://weibo.com/fjpph
地　　址：福州市东水路 76 号　　**邮政编码**：350001
经　　销：福建新华发行（集团）有限责任公司
印　　刷：福州报业鸿升印刷限责任公司
地　　址：福州市仓山区建新北路 151 号
电　　话：0591-38720782
开　　本：787 毫米×1092 毫米　1/16
印　　张：19
字　　数：319 千字
版　　次：2018 年 8 月第 1 版
印　　次：2022 年 4 月第 3 次印刷
书　　号：ISBN 978-7-211-08041-0
定　　价：49.00 元

序

福建省金山幼儿园（以下简称金山幼儿园）创办于2001年，在朱娜珍园长的带领下，幼儿园始终以“心系幼苗，至诚至爱”为办园宗旨，锐意进取，快速发展，于2009年被评为福建省示范性幼儿园。17年来，我常常和园里的老师们一同研讨、相互学习，给我最深刻的印象是校园文化的建设、书香氛围的营造。

金山幼儿园以促进幼儿的“快乐学习，健康成长”为办园理念，以“面向全体幼儿、关注个体差异，使他们在这里学会学习、学会做人、学会生活、学会健体，形成健康的人格，成为学习、生活和社会的主人”为培养目标，努力为幼儿营造优质的教育环境，开展丰富多彩的教育活动，促进幼儿在动作、语言、认知、社会性、情绪情感等方面获得和谐的发展，尤其是在阅读兴趣、阅读能力、阅读技能和阅读习惯等方面获得很好的发展。进入金山幼儿园的幼儿，经过三年的培养，喜欢阅读，能自主阅读。

金山幼儿园注重打造书香氛围，围绕着早期阅读活动的价值、早期阅读活动的目标、早期阅读活动的图书选择、早期阅读活动（教学活动、阅读区活动、亲子阅读活动、自制图书活动）的指导策略、早期阅读活动的评价反思等开展了全面的实践研究，尤其是幼儿园早期阅读活动的评价反思这个部分的研究可以说是非常创新而有价值的，该部分包含了早期阅读教学活动的评价、阅读区活动的评价与亲子阅读活动的评价。这三种不同类型活动的评价既有共同的评价要素，又有不同的评价要素。通过研究，金山幼儿园建构了适宜幼儿发展的早期阅读园本课程，形成了鲜明的办园特色。

金山幼儿园自开办以来，以课题研究来促进教学改革和提升质量，一直注重课题研究，先后申报并被立项了中国学前教育研究会、福建省教育厅、福建省教育科学研究所的11个课题，其中围绕幼儿早期阅读的课题有4个，如“新《纲要》指导下的我园早期阅读教育”“幼儿园阅读区有效开展的实践研究”“阅读区活动中幼儿行为的观察与分析”“以图画书为载体的园本美育课程研究”。课题研究扎实而深入，研究成效显著，朱娜珍园长、林晓丽副园长、王瑾副园长、孙彩霞主任等课题研究核心成员在《学前教育研究》《幼儿教育导读》《福建教育》等学术刊物发表与早期阅读相关的研究论文共17篇，如《幼儿园的阅读文化建设》《幼儿教师开展早期阅读前的准备》《开展社区早期阅读活动的意义和途径》《优秀图画书对提升儿童学习与发展能力探析》《早期阅读活动中教师的指导策略》《如何在集体阅读活动中支持幼儿的自主阅读?》等。

金山幼儿园注重教师队伍的专业成长，努力打造一支优秀的保教队伍。多措并举开展有效的园本研修，积极为教师创设专业发展平台，提升了教师队伍的整体素质。历经17年的辛勤耕耘，目前幼儿园专任教师45人，教师队伍中本科学历占95%，研究生占4.4%；特级教师1人，省级骨干园长2人，省级学科带头人培养对象1人，省、市级骨干教师8人。本次出版的《幼儿园早期阅读活动指导与实施》就是教师团队倾力协作编写的成果。

这次出版的《幼儿园早期阅读活动指导与实施》是金山幼儿园多年研究成果的梳理。相信该书的出版，能为广大的幼儿教育工作者开展早期阅读活动提供很多可资学习和借鉴的地方。

衷心祝愿金山幼儿园在朱娜珍园长的引领下，保教质量不断提升，使早期阅读呈现“阅读—悦读—跃读—越读”的态势，让阅读启迪幼儿的童心，让书香润泽幼儿的生命！让教师、幼儿和家长在师幼共读、同伴共读和亲子共读中快乐成长、幸福生活！

福建师范大学教育学院教授
福建省幼儿教育研究会理事长　林菁
2018年初夏于榕城

前　言

笔者任职的福建省金山幼儿园于2004年就着重对早期阅读进行研究，并将早期阅读作为幼儿园的特色课程。经过十多年的实践探索，同时依托多个课题的研究，我们对早期阅读教学活动、阅读区活动、亲子阅读活动等有了更加深刻和全面的认识。本书是我园研究成果的总结、梳理，也是我园开展中国学前教育研究会“十三五”研究课题“幼儿园阅读区活动中幼儿行为的观察与分析”和福建省教育科学“十三五”规划2017年度课题“幼儿园阅读区有效开展的实践研究”等的研究成果。

本书立足于幼儿园早期阅读活动的开展，力求将理论与实践相结合，在让幼教同仁了解早期阅读活动基本理论的同时，通过通俗易懂的案例与大家共同思考早期阅读活动的价值和意义，并尝试系统地对早期阅读活动进行阐释，以进一步明确早期阅读活动的指导与实施。

本书分为理论篇和实践篇。理论篇共八章，主要阐述了幼儿园早期阅读活动的指导：第一章“早期阅读活动的价值剖析”，第二章“早期阅读活动的目标定位”，第三章“早期阅读活动的图书选择”，第四章“早期阅读教学活动的指导策略”，第五章“阅读区活动的指导策略”，第六章“亲子阅读活动的指导策略”，第七章“自制图书活动的指导策略”，第八章“早期阅读活动的评价反思”。实践篇收录了幼儿园早期阅读活动的实施案例，包括早期阅读教学活动案例、阅读区活动案例、自制图书案例。

本书主要有以下几个特点：

（1）覆盖面广，系统性强。书中全面、系统地阐述了幼儿园早期阅读活动的价值，明确了早期阅读活动的目标定位，细化了图书选择的依据，提出了各类早期阅读活动的观察要点、评价指标与指导策略。

（2）理论系统，指导性强。书中以《幼儿园教育指导纲要（试行）》

（全书简称《纲要》）、《3～6 岁儿童学习与发展指南》（全书简称《指南》）的精神为依据，结合幼儿的年龄特征和发展水平提出相应的理论，解决了教师在开展早期阅读活动过程中的困惑，指明了开展早期阅读活动的具体方向。

（3）实践深入，操作性强。本书结合我园多年来早期阅读特色课程的研究成果，提供了多种类型的早期阅读活动实践案例，并详细阐述了早期阅读教学活动和阅读区活动的实施要素与过程，让教师开展早期阅读活动有章可循。

本书由福建师范大学林菁教授担任顾问，本人担任主编，教研主任孙彩霞担任副主编，两位副园长和老师们积极参与编写。具体编写人员如下：理论篇的第一章由朱娜珍撰写，第二、四、五章由孙彩霞撰写，第三章由王瑾撰写，第六章由徐灵芳撰写，第七章由卓丽瑛撰写，第八章由林晓丽、李秀云和李璐瑶共同撰写；实践篇的案例设计者直接标注在每个案例后。

成书之际，感谢主管部门的大力支持，感谢所有参与编写的老师们的辛勤付出，感谢出版社编辑们的鼎力相助。由于编者水平有限，难免存在疏漏和不足，衷心希望广大读者在阅读过程中向我们提出宝贵的意见和建议，以让我们在今后的工作中进行改进和完善。

感谢您的阅读！

福建省金山幼儿园　朱娜珍

2018 年 6 月

目录

理论篇　幼儿园早期阅读活动的指导

实践篇　幼儿园早期阅读活动的实施

理论篇

幼儿园早期阅读活动的指导

第一章　早期阅读活动的价值剖析

幼儿园早期阅读活动是有计划、有目的地培养幼儿学习书面语言的教育活动。早期阅读活动能帮助幼儿接触和学习书面语言，培养他们对书面语言的敏感性，为正式学习书面语言奠定良好的基础。早期阅读活动对于幼儿的全面发展具有深远的意义，能促进幼儿语言、情绪情感、认知、审美、学习品质和亲子关系等方面的发展。

一、早期阅读活动能促进幼儿语言的发展

语言是人类社会客观存在的现象，是一种社会上约定俗成的符号系统。语言是以字词为基本结构单位，以语法为结构规则的符号系统。对于3～6岁的幼儿来说，单纯、生硬地学习字词、语法，明显是违背了他们的天性，不符合他们的年龄特征。早期阅读活动恰好能解决这一问题，各种类型的绘本能促进幼儿的语音、词汇和句子的学习。

《指南》中将语言领域的学习与发展目标分为两个方面：倾听与表达（口头语言），阅读与书写准备（书面语言）。早期阅读活动能很好地满足幼儿语言发展的需要，符合他们的年龄特征和学习特点。

早期阅读活动能促进幼儿口头语言的发展。《指南》中指出："幼儿的语言能力是在交流和运用的过程中发展起来的。"早期阅读活动需要幼儿对画面内容进行观察和表述、对绘本故事情节进行预测与推断、对绘本中角色对话进行理解与感受等，能很好地培养幼儿的口语表达能力。在师幼的问答互动中，幼儿需要用自己的语言将自己的所思所想表达出来。

《我的幸运一天》内文画面

[案例] 绘本《我的幸运一天》，讲述了一个有趣的故事：小猪被狐狸抓住以后，利用诸如“听你的安排吧。可是，我有一件事情要说”等，阻止了狐狸每一次准备吃它的行动，还使狐狸忙得团团转，最终累晕，从而让自己成功脱困。教师在大班开展阅读《我的幸运一天》的活动中利用猜测、验证的方式，引导幼儿大胆讲述自己的想法，让幼儿扮演小猪和狐狸进行角色对话，学习小猪的说话技巧。

案例中，教师“引导幼儿大胆讲述自己的想法”，就是利用绘本故事，指导幼儿用口语讲述自己的猜测并验证。这对大班幼儿语言能力的发展很有帮助。

早期阅读活动能促进幼儿书面语言的发展。书面语言对于3～6岁的幼儿来说比较抽象，但是，早期阅读活动能很好地将口头语言和书面语言建立起联系，让幼儿直观感受二者的关系。上述案例中，教师“让幼儿扮演小猪和狐狸进行角色对话，学习小猪的说话技巧”，事实上就是引导幼儿学习绘本中小猪的语言，将书面语言转化成口头语言。

早期阅读活动通过让幼儿接触、阅读大量不同类型的绘本，在日积月累中可以增加幼儿的词汇量。不仅如此，早期阅读活动还能利用画面、故事、情节等，加深幼儿对于不同词汇的理解，让幼儿在潜移默化中学习句式、修辞手法等。例如，对于3～6岁的幼儿来说，比喻、拟人等都是十分抽象的概念，但是在生活中他们又不断地运用着这些修辞手法。望着天空，幼儿会说：“白云好像棉花糖哟，真想吃！”

［案例］在大班亲子阅读《我妈妈》的活动中，教师引导幼儿用“像……一样”的句式夸夸自己的妈妈。幼儿纷纷举手表达自己的想法，有的幼儿说：“我的妈妈很漂亮，像花朵一样。”……幼儿用他们稚嫩的比喻夸赞着自己的妈妈。

多种多样的绘本，蕴含着丰富的教育内容。早期阅读活动就是利用富有教育价值的绘本，让幼儿在模仿、感受中加深对一些抽象概念的认识、理解。

［案例］绘本《好饿的毛毛虫》，讲述了毛毛虫星期一吃了一个苹果、星期二吃了两个梨子、星期三吃了三个李子……教师在中班开展阅读《好饿的毛毛虫》的活动中，利用相应数量的水果让幼儿在阅读后进行配对，在感知数量的基础上进一步理解星期的相关内容。

［案例］绘本《棒棒天使》中有差异明显的胖胖天使和瘦瘦天使两个形象。教师在中班开展阅读《棒棒天使》的活动中，利用这两个差异明显的形象和生动的情境，让幼儿感受胖瘦、高矮、多少、横竖等的区别，增加了幼儿有关反义词的理解与感受。

《棒棒天使》内文画面

二、早期阅读活动能促进幼儿情绪情感的发展

情绪和情感是人对事物的态度和体验，是人的需要得到满足与否的反映。当需要被满足时，情绪就会愉悦，反之，则情绪低落。对幼儿来说，他们的情绪和情感更为外显，很多时候是遵循自己的内心和本能。早期阅读活动能很好地引导幼儿认识自己的情绪，表达自己的感受。有些情绪类绘本，还能引导幼儿学着舒缓自己的不良情绪，让自己的情绪稳定、愉悦。

早期阅读活动中的绘本将不同的情境、角色和事情用图画的方式呈现在幼儿面前，他们可以通过观察画面，了解绘本中角色的动作、表情、行为等，并思考与判断当自己的身上发生相同或类似的情况时，自己能否模仿绘本中的角色进行情绪的调节或情感的表达。

[案例] 绘本《抱抱》讲述了小猩猩在动物朋友们的帮助下找到妈妈的故事。画面中，小猩猩丰富的表情与肢体语言，深刻地传达了它内在的情绪转变：小猩猩就像一个纯真、友善的小孩，当看到动物们亲密拥抱时内心的渴望油然而生，在情绪低落时放声哭泣，看到妈妈又破涕为笑，开心地大喊“抱抱”。《抱抱》的画面温馨，满足了幼儿被爱、被拥抱的心理需求，十分贴近幼儿的生活，特别是许多小班幼儿刚入园时都曾有小猩猩般的心理感受——想妈妈，渴望得到安慰。通过阅读这本绘本，幼儿明白了“抱抱”这个肢体动作可以表达内心丰富的感受，能传递心中的爱。

[案例] 绘本《咕咚》中，小动物们被“咕咚”的声音吓得四处乱跑，并且不断猜测。在小班阅读《咕咚》的活动中，教师利用图片梳理的方式将小动物们的图片展示出来，让幼儿形象直观地看出动物体形越来越大，从而更能反映出动物们越来越害怕的情绪。这时候，教师提问：“咕咚是谁?”让幼儿从动物们害怕的反应中感受到越来越紧张的氛围，从而进行猜想。当谜底揭晓后，幼儿在感受有趣和意外的基础上对于害怕也有了不同的感受。

[案例] 绘本《生气王子》中，生气王子和生气国王因为相互生气，错过了进游乐园游玩的机会。教师在大班开展阅读《生气王子》的活动中，引导幼儿观察生气王子和生气国王生气时的表情、动作等，再引导幼儿迁移生活经验：“你生气时会怎样？你会因为什么生气?”让幼儿讲述自己遇到的让自

己感到生气的事情并感受生气这一情绪。随着绘本故事情节的推进，生气王子和生气国王能利用不同的方式排解自己生气的情绪，让自己不那么生气以后，一切事情都慢慢变好起来。教师利用绘本的故事，引导幼儿学习排解不良情绪的方法、控制自己的情绪。

《生气王子》内文画面

三、早期阅读活动能促进幼儿认知的发展

认知是人类获得知识或应用知识的过程。幼儿认知包括感觉、知觉、记忆、语言、思维和想象等方面。早期阅读活动因为其特殊的载体——绘本，对幼儿认知的发展具有十分显著的作用。

各种绘本因其画面内容、角色情感、情节发展等，有不一样的特点与教育价值。幼儿在阅读绘本的过程中，需要观察画面的整体与细节、把握主要角色、了解故事发生的背景。这些都能促进幼儿感知觉的发展。在自主阅读绘本后，幼儿需要根据教师的提问，回忆绘本的内容，表达自己的想法，甚至回家后还将绘本的内容与家长分享。毫无疑问，早期阅读活动能促进幼儿语言与记忆的发展。早期阅读活动中，幼儿经常需要对绘本内容或故事发展进行假设、想象、猜测和验证，有时甚至将自己的想象表现出来并制作成绘本。一次次的猜测、讨论与验证，幼儿的思维与想象自然得到了发展。

[案例] 中班阅读区活动中，教师提供了绘本《身体的旅行》和各色卡纸、画笔、剪刀、胶水等。幼儿在自主阅读绘本后，可以选择自己需要的材料，将喜欢的食物在身体中的旅行线路表现出来，全部画好以后自己编页码、制作封面、做上标记。幼儿在完成以上操作后，还可以将自己创作的有关食物旅行的故事讲给教师听，请教师帮忙记录下来。此次阅读区活动中，幼儿在熟悉绘本内容的基础上，理解了食物进入嘴巴后分别会经过哪些器官，这些器官有什么特点，食物经过这些器官后会发生哪些变化，最后食物又会通向哪里……

[案例] 中班阅读区活动中，教师提供了绘本《小真的长头发》，投放了绘本和画纸、画笔等。《小真的长头发》这本绘本富有想象力和创造性，幼儿在阅读的过程中沉迷于小真的想象，特别是小真用长头发晾衣服、钓鱼、当被子等。当小真被问及长头发不好清洗怎么办时，小真更是发挥了河流、小鸟等大自然的力量，令人吃惊。幼儿利用画纸和画笔，将自己感兴趣的和自己想象到的事物表现出来，能极大地促进幼儿的想象力与创造力的发展。

[案例] 大班阅读区活动中，教师投放了绘本《我是大侦探》和提示图卡，幼儿需要根据图卡上的提示在书中找到对应数量的物品。幼儿一边拿卡一边观察画面，寻找物品，逐渐掌握了从上到下、从左到右的观察方法，并且养成认真专注的好习惯。

四、早期阅读活动能促进幼儿审美的发展

幼儿的审美处于萌芽期，优秀的绘本因为其画面美、语言美、故事美等特征，对幼儿的审美发展能起到促进作用。当幼儿在感受美丽的画面、优美的词句、有趣的故事情境时，他们是专注的、愉悦的，审美能力在无形中得到了提升。在阅读后的自制图书活动中，幼儿会选择材料、搭配颜色、思考构图等，能把自己想表达的内容利用绘画、折纸、泥塑、剪纸等不同形式表现出来，审美能力、创造能力得到了提高。

[案例] 中班阅读区活动中，幼儿自主阅读《想吃苹果的鼠小弟》。这本绘本画面清晰简单，生动地表现了鼠小弟模仿其他动物的动作和神态。幼儿

在阅读的过程中，不自觉地模仿起鼠小弟的动作，大家都被鼠小弟的形象逗得哈哈大笑。

《想吃苹果的鼠小弟》内文画面

［案例］教师在大班开展阅读《母鸡萝丝去散步》的活动中，引导幼儿观察、发现画面中的线条，感受有规律的线条赋予画面的层次感与丰富性，并鼓励幼儿大胆模仿、创造。幼儿尝试用粗细、长短、曲直不同的线条装饰物品，感受了线条的美和创造的美。

《母鸡萝丝去散步》内文画面

五、早期阅读活动能促进幼儿学习品质的发展

《指南》中明确指出：“要充分尊重和保护幼儿的好奇心和学习兴趣，帮助幼儿逐步养成积极主动、认真专注、不怕困难、敢于探究和尝试、乐于想象和创造等良好学习品质。”前面已经针对早期阅读活动能促进幼儿注意力、想象力和创造力的发展做了讨论，其实，早期阅读活动也能促进幼儿积极主动、敢于探究和不怕困难的学习品质的发展。一些绘本，如《谁藏起来了》《点点点》《圆形骨碌碌》等，不仅可以供幼儿阅读和观察，还能让幼儿和图书产生互动、感受探究的乐趣。《十兄弟》《蚂蚁和西瓜》和《小猫钓鱼》这类绘本则能让幼儿在阅读的过程中感受不怕苦难和团结协作的精神。

[案例] 小班阅读《黄色的……是蝴蝶！》的活动中，幼儿很乐意欣赏小男孩抓蝴蝶的过程。他们能边看边问，并在书中寻找答案，探究小男孩是否抓住了蝴蝶、小男孩不小心抓到了什么。在阅读的过程中，他们能边问边找、边看边笑。

[案例] 绘本《蚂蚁和西瓜》讲述了一个有趣的故事：当蚂蚁发现西瓜太大无法搬进洞里时，它们想出办法，将西瓜切小，分批搬入。大班集中阅读《蚂蚁和西瓜》的活动中，幼儿能直观地感受到蚂蚁的团结协作和它们不怕困难、勇于尝试的美好品质。

六、早期阅读活动能促进亲子关系的发展

忙碌的现代生活和种类繁多的电子产品，是目前亲子关系发展的绊脚石。父母陪伴孩子的时间在减少，陪伴的有效性也在不断降低。早期阅读活动能有效地搭建起孩子与父母之间沟通的桥梁，促进亲子关系的发展，增进亲子之间的亲密性。

[案例] 亲子阅读《逃家小兔》的活动之前，教师邀请妈妈们抽出时间来幼儿园参与活动。活动中，幼儿依偎在妈妈的身边，与妈妈一起观察图书画面，体验小兔和兔妈妈的心理变化，并积极和妈妈交流想法和感受。教师设

计了亲子合作仿编对话的环节，在温馨有爱的互动对话中，幼儿不仅感受了兔妈妈对小兔的爱，也体验了妈妈对自己的关爱与呵护，增进了亲子之间的情感。

［案例］小班亲子阅读《像爸爸一样》的活动中，教师结合小狮子想长大以后像爸爸一样长出尖尖的爪子、漂亮的牙齿和神气的尾巴等，迁移幼儿的经验，并引导幼儿表述："你想长大以后和爸爸哪些地方一样？"在亲子的交流与互动中，幼儿自然而然地萌发了对爸爸的崇拜，增进了幼儿与爸爸之间的感情。

《像爸爸一样》内文画面

早期阅读活动的教育价值，已经被更多的人所认可，也有越来越多的幼儿园开始重视早期阅读活动，组织和开展了形式多样的早期阅读活动。如何让早期阅读活动发挥其教育价值？教师如何更好地组织和开展早期阅读活动？如何形成家园合力，让幼儿在阅读中得到全面的发展？这些还需要更多的实践与思考。毋庸置疑的是，早期阅读活动能极大地丰富幼儿的精神世界，促进幼儿语言、情绪情感、认知、审美、学习品质和亲子关系等各方面的发展，对幼儿的发展具有深远的意义。

第二章　早期阅读活动的目标定位

幼儿园早期阅读活动的目标，应当依据《纲要》和《指南》中语言领域的目标来制订。《纲要》第一次明确地把幼儿园早期阅读活动的要求纳入语言教育的目标体系，提出“培养幼儿对生活中常见的简单标记和文字符号的兴趣”，“利用图书、绘画和其他多种方式，引发幼儿对书籍、阅读和书写的兴趣，培养前阅读和前书写技能”。《指南》中提出：“为幼儿提供丰富、适宜的低幼读物，经常和幼儿一起看图书、讲故事，丰富其语言表达能力，培养阅读兴趣和良好的阅读习惯，进一步拓展学习经验。”这些内容明确了我国3～6岁儿童书面语言发展的目标要求，包含阅读兴趣、初步的阅读能力和初步的书写行为三个方面。

一、《指南》“阅读与书写准备”部分的目标

《指南》在语言领域目标“阅读与书写准备”部分，提出了与早期阅读活动相关的年龄段目标。

目标1　喜欢听故事，看图书

3～4岁	4～5岁	5～6岁
1. 主动要求成人讲故事、读图书。 2. 喜欢跟读韵律感强的儿歌、童谣。 3. 爱护图书，不乱撕、乱扔。	1. 反复看自己喜欢的图书。 2. 喜欢把听过的故事或看过的图书讲给别人听。 3. 对生活中常见的标志、符号感兴趣，知道它们表示一定的意义。	1. 专注地阅读图书。 2. 喜欢与他人一起谈论图书和故事的有关内容。 3. 对图书和生活情境中的文字符号感兴趣，知道文字表示一定的意义。

目标 2 具有初步的阅读理解能力

3～4 岁	4～5 岁	5～6 岁
1. 能听懂短小的儿歌或故事。 2. 会看画面，能根据画面说出图中有什么，发生了什么事等。 3. 能理解图书上的文字是和画面对应的，是用来表达画面意义的。	1. 能大体讲出所听故事的主要内容。 2. 能根据连续画面提供的信息，大致说出故事的情节。 3. 能随着作品的展开产生喜悦、担忧等相应的情绪反应，体会作品所表达的情绪情感。	1. 能说出所阅读的幼儿文学作品的主要内容。 2. 能根据故事的部分情节或图书画面的线索猜想故事情节的发展，或续编、创编故事。 3. 对看过的图书、听过的故事能说出自己的看法。 4. 能初步感受文学语言的美。

目标 3 具有书面表达的愿望和初步技能

3～4 岁	4～5 岁	5～6 岁
1. 喜欢用涂涂画画表达一定的意思。	1. 愿意用图画和符号表达自己的愿望和想法。 2. 在成人提醒下，写写画画时姿势正确。	1. 愿意用图画和符号表现事物或故事。 2. 会正确书写自己的名字。 3. 写画时姿势正确。

二、幼儿园各类早期阅读活动目标

（一）早期阅读教学活动的目标

集体性早期阅读教学活动是指教师有目的、有计划、有组织地面向全体幼儿，围绕绘本开展的集中的早期阅读教学活动。我们结合《指南》中“阅读与书写准备”的年龄段目标，依据不同年龄段幼儿的阅读特点及幼儿的实际水平，制订了小、中、大三个年龄班幼儿的早期阅读教学活动的目标。

年龄班	目　　标
小班	1. 知道绘本的基本结构，了解绘本封面和封底等。 2. 阅读封面，能初步感知主角的动作或者表情。 3. 在教师指导下，能根据画面说出画面中有什么、发生了什么事。 4. 会一页一页地翻书，知道从左到右、从上到下阅读绘本。 5. 愿意回答教师的提问。 6. 能用口头语言表述自己喜欢的画面情节。 7. 能爱护绘本。 8. 能初步表达是否喜欢所阅读的绘本。
中班	1. 懂得观察图画的顺序，能从左到右、从上到下阅读绘本。 2. 能按照页码找到指定的画面。 3. 能根据连续画面提供的信息，将画面的故事情节简单地串联起来，大致说出画面的情节。 4. 主动观察绘本中的主角，了解主角在干什么。 5. 倾听习惯良好，能积极回答教师的提问。 6. 在教师引导下，理解绘本中省略号、问号、感叹号等标点符号的含义。 7. 能用较为连贯的语言表述绘本的主要情节。 8. 能与同伴共读，交流和表达自己对画面的理解。 9. 能表达自己是否喜欢所阅读的绘本，并能初步说明原因。
大班	1. 熟悉绘本的结构，了解环衬和扉页的作用。 2. 有良好的阅读习惯。 3. 能自主阅读。 4. 在阅读过程中，喜欢猜测页面内容并表达自己的理解。 5. 能细致观察画面的主角的状态，包括动作、表情、姿态等，理解主角的心理。 6. 能关注绘本的细节，并将细节与主要情节进行联系。 7. 能用较完整和清晰的语言讲述绘本的内容。 8. 能用多种方式归纳阅读的内容。 9. 会对绘本所传递的主旨和含义进行初步思考，表述自己的见解并说明理由。

（二）阅读区活动的目标

幼儿园阅读区指教师根据教育目标和幼儿发展水平，有目的地创设活动环境，投放阅读材料，让幼儿按照自己的意愿和能力，进行看、讲、编、画、自制图书等活动的场所。阅读区的活动，幼儿是自愿自主的，但不是毫无目的的；阅读区的材料是开放的，但不是盲目的。阅读区活动和集体性早期阅读教学活动二者有一定的联系，阅读区活动的内容可以是集体性早期阅读教学活动后的延伸，教师也可以在阅读区观察幼儿阅读兴趣、行为等基础上生成集体性早期阅读教学活动。阅读区活动目标与早期阅读教学活动目标有相同之处，也有不同之处。

年龄班	目　　标
小班	1. 喜欢参与阅读区阅读活动。 2. 喜欢绘本，能有兴趣地看。 3. 知道绘本的基本结构，了解绘本封面和封底等。 4. 能根据画面说出画面中有什么、发生了什么事。 5. 能初步体会绘本表达的情绪。 6. 在教师引导下，能进行简单提问。 7. 能理解绘本上的文字是和画面对应的。 8. 能变倒置书为正置书，会一页一页地翻书。 9. 养成良好的阅读习惯，爱护绘本，不乱撕、乱扔，看完后能将绘本放回固定的地方。 10. 喜欢模仿绘本的内容进行涂涂画画。
中班	1. 能根据自己的需要，选择到阅读区活动。 2. 能根据自己的兴趣选择绘本，并专注地看。 3. 懂得观察图画的顺序，能从左到右、从上到下阅读绘本。 4. 能根据连续画面提供的信息，大致说出画面的内容。 5. 能随着作品的展开产生喜悦、担忧等情绪反应，体会作品所表达的情绪情感。 6. 喜欢提问。 7. 知道文字有对应的读音。 8. 会给绘本命名。 9. 能按照页码找到指定的画面。 10. 能比较性地观察画面，猜测绘本的内容。 11. 能反复看自己喜欢的绘本，有爱护图书的良好习惯。 12. 能在教师的帮助下自制图书。

续表

年龄班	目　　标
大班	1. 能根据自己制订的计划，主动到阅读区活动。 2. 能按照自己的意愿和需求选择绘本阅读。 3. 熟悉图书的结构，了解环衬和扉页的作用。 4. 能说出所阅读的绘本的主要内容。 5. 能主动提问。 6. 对书面语言很感兴趣，理解文字符号与画面的关系。 7. 能将前后图画串起来理解页面的前后联系。 8. 能根据绘本画面的线索，猜想故事情节的发展，或续编、创编故事。 9. 能与同伴一起阅读绘本，并交流自己对绘本内容的理解和看法。 10. 能用不同的工具修补图书。 11. 能自制图书，并能向别人讲述自制图书的内容。

（三）亲子早期阅读活动的目标

亲子阅读，又称亲子共读。亲子阅读，能培养幼儿广博的兴趣、发散的思维和开阔的视野，让家长与孩子有更多的沟通机会，分享阅读的感动和乐趣。一般情况下，可以将幼儿园亲子阅读活动分为严密型和松散型两种（本书第六章有详细阐述）。我们根据调查和研究，制订了幼儿园亲子阅读活动的主要目标，具体如下。

1. 喜欢和父母共同阅读绘本，情绪愉悦。
2. 能与父母就绘本内容展开讨论，大胆表述自己的想法。
3. 喜欢向父母提问。
4. 能向父母讲述绘本的内容。
5. 能积极开展有关阅读后的拓展活动，如表演、朗诵、绘画等。
6. 能与父母一起自制绘本。
7. 爱护图书，能与父母一起修补绘本。

第三章　早期阅读活动的图书选择

不论是幼儿园内的早期阅读活动还是家庭内的早期阅读活动，图书作为其主要载体都承载着特殊的作用与价值，因此选择适宜的图书是早期阅读活动有效开展的基本保证。根据幼儿的心理发展特点，我们认为教师选择图书时应考虑图书是否贴近幼儿的生活、能否满足幼儿现阶段发展的需要、是否符合幼儿的兴趣、是否符合幼儿的年龄特征、能否有效促进幼儿发展和是否具有独特的审美价值这六个方面。教师应以这六个方面为依据，为幼儿选择或与幼儿共同选择图书。

一、贴近幼儿的生活

卢梭、杜威、陶行知、陈鹤琴等教育家都主张教育与生活的统一。杜威的“教育即生活”，提倡教育要与幼儿当下的生活有机融合，让幼儿适应并过好现有的生活。陶行知提出“生活教育理论”，认为生活中无时无刻都存在着教育，教育与生活是协同对幼儿发展产生作用的。

图书中的内容源于生活，是作者对日常生活中人、事或物等的反映与再现。我们在选择图书时应结合现实生活和社会发展状况，从幼儿已有的经验出发，筛选与幼儿现阶段日常生活紧密联系的、能够较好地引发幼儿共鸣的图书。

小班幼儿入园前，教师可以向家长推荐《你好，幼儿园》《我爱幼儿园》《幼儿园的一天》等，通过亲子共读，让幼儿预先了解幼儿园的日常生活流程，降低幼儿对幼儿园的恐惧感，释放幼儿对幼儿园的抵触情绪。小班幼儿入园后，面对幼儿的分离焦虑，教师可选择《魔法亲亲》，邀请家长来园，开展亲子阅读活动。《魔法亲亲》中的小浣熊奇奇再现了身处分离情境的幼儿的内心感受与情绪，能引起该阶段幼儿的共鸣。家长能够在阅读中有所启发，从而采用适宜的方式缓解幼儿的焦虑，让幼儿能够精神抖擞、勇气十足地面对新环境和陌生的伙伴。

《魔法亲亲》内文画面

秋季来临，教师常常会组织幼儿到操场上、草地上、公园里捡落叶。这些落叶可以怎样加以利用，变废为宝呢？对于中班幼儿而言，《落叶跳舞》能帮助他们感受落叶的千变万化。该书从孩童的视角出发，巧妙地利用飘零的落叶剪贴成落叶娃娃。这些娃娃表情丰富、形神兼备、富有动感、活泼生动、风采各异，有的像小孩，有的像小狗，有的像蚂蚁……动态的美被定格在一瞬间，让幼儿充分感受了落叶的神奇魅力。

《落叶跳舞》内文画面

金教鞭

随着我国计划生育政策的改变，许多家庭增添了二孩。据我们对本园家长所做的调查，有70%以上的父母认为在大孩五六岁时也就是即将上小学之前增添二孩尤为合适，既能够让大孩更为成熟理智地接受二孩，又不影响大孩的幼小衔接。但是，新成员的到来可能悄然改变着大孩的生活，有的孩子欢喜，有的孩子嫉妒，有的孩子生气……针对这些心理状况，教师可以引导家中有弟弟妹妹的大班幼儿阅读《便便超人》《我的弟弟是超人》和《爱是什么?》等绘本。《便便超人》从哥哥的角度描述刚出生弟弟的生活状态与发展状况，哥哥幽默地把弟弟称作"便便超人"，因为他发现实际生活中随时随地便便的弟弟反倒给他的生活带来了帮助与乐趣。《我的弟弟是超人》描述了捣蛋鬼弟弟与暖男哥哥之间发生的一个个妙趣横生的故事。《爱是什么?》小主人公因妈妈的怀孕而变得忧郁，从而开始了思考爱、寻找爱的旅程，最后他终于理解了爱的内涵。这些绘本故事内容贴近家中有弟弟妹妹的大班幼儿的生活，他们阅读这些图书，能够学会相处，懂得亲情的意义，理解亲情的真谛。

幼儿园课程从生活中来，幼儿阅读的图书的内容也应贴近幼儿的生活。脱离了幼儿生活和经验的图书自然无法引起幼儿的共鸣，也必然失去组织阅读活动的意义。总之，为幼儿选择的图书，应从幼儿的生活出发，源于幼儿对现有生活的认知，贴近幼儿的生活体验。图书应兼具内容生活化和生活经验文本化两大特征，使幼儿在轻松愉快的阅读情境中获得有益于身心发展的经验。

二、满足幼儿的需要

每个幼儿都是独立的个体。受先天因素、家庭环境等的影响，每个个体呈现出与众不同的发展态势。比如小班上学期幼儿初次步入集体时、中班下学期幼儿即将换牙时、大班下学期幼儿进行幼小衔接时，每个幼儿有其特别的需求。因此，我们在筛选图书时要尊重幼儿的个体需要，用适当的图书给予支持和指导，使每个幼儿在原有基础上获得富有个性的发展。

小班幼儿步入幼儿园这个"小社会"，初期常因缺乏同伴交往的经验而不可避免地遇到各种各样的交友难题。怎样让该阶段幼儿自然而然地交到好朋友，并学会和好朋友共处？针对该阶段幼儿的实际需要，教师可以选择《幼儿园里交朋友》《我在幼儿园学会交朋友》《烦人的兔子》等开展早期阅读活动，通过阅读活动中的渗透、指导和帮助，潜移默化地缓解幼儿的不安，给予他们交友的信心，引导他们更快地学会与同伴交往。

五味太郎的《鳄鱼怕怕牙医怕怕》以其紧张的幽默感特别受中班幼儿的喜爱。画面情境夸张生动，构思精巧。“我真的不想看到他……但是我非看不可”，短短的转折句一开始就引发了幼儿的好奇心，让幼儿迫不及待地想往后阅读。鳄鱼和牙医夸张生动的面部表情，配以“啊!”“啊!”“咻——”“咻——”的词语，分别把鳄鱼和牙医从紧张到缓解的心理表现得惟妙惟肖。全书中鳄鱼和牙医的表情和语言看似一模一样，但是他们内心的害怕与担忧却完全不同。

《鳄鱼怕怕牙医怕怕》内文画面

幼小衔接是幼儿成长过程中一次重要的转折。如何激发幼儿对小学的向往，满足他们对小学生活的好奇和探究愿望？除了可以采用参观小学、采访小学生等方式外，教师还可以将有关的图书投放在阅读区内供幼儿自主阅读，促使他们逐步架构对小学的总体印象，发现学习的乐趣，并从图书中学习如何应对新环境、如何面对挫折。与幼小衔接相关的图书主要有《大头鱼上学记》《小阿力的大学校》《上学到底有什么用》《同桌的阿达》《大卫上学去》和《迟到的理由》等。

根据马斯洛的需求层次理论，人的需求是从基本需求的满足开始的，当一个层次的需求满足以后又会有更高层次的需求。小班幼儿交友的需求，就是在其逐步适应了幼儿园生活、解除了分离焦虑后产生的与同伴交往的需求。成人应逐级满足幼儿的生理需求、安全需求、社会需求和被尊重的需求，从而最终实现幼儿自我的发展。

三、符合幼儿的兴趣

兴趣是幼儿内在需求的外部呈现，是幼儿活动最持久的动力所在。符合幼儿的兴趣，是引导幼儿发展的重要保证，是早期阅读活动顺利开展的基础，也是幼儿在阅读中收获知识、发展阅读能力、养成良好阅读习惯的先决条件。因此，我们在开展早期阅读活动前要及时、敏锐地捕捉大部分幼儿的兴趣，在选择图书时要关注大部分幼儿的兴趣所向，让幼儿在愉快的情绪中、强烈的求知欲中积极地与图书互动，促进幼儿对图书内容的感知、理解和创造，从而高效地实现早期阅读活动所应有的目标。

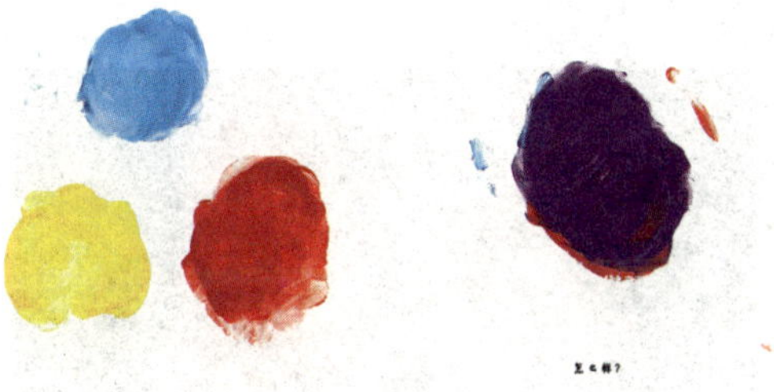

《变变变》内文画面

绘本《变变变》从形象上看仅有黄色、红色和蓝色三个圆点，然而作者（埃尔维·杜莱）通过圆点数量的变化、圆点位置的转移及色彩的排列顺序，让这些圆点仿佛一个个小生命般"活"了起来，和小班幼儿"捉迷藏"、玩游戏，使他们在乐此不疲的一次次阅读中感受色彩、形状、构图所带来的欢乐。心理学研究发现越小的幼儿越喜欢红、黄、蓝这样较为明快的颜色，以三原色为主的色彩和游戏互动的阅读方式，能充分激发小班幼儿的阅读兴趣，使他们爱上阅读。

随着幼儿的成长，小班图书中简单、明晰的形象已经不能很好地满足中班幼儿的兴趣需要，而能带来互动体验的洞洞书、立体书、折叠书等更能吸引中班幼儿的注意。如绘本《从窗外送来的礼物》，讲述了平安夜里圣诞老人给大家送礼物的故事。全书采用了洞洞的设计，每页都有一个黑黑的小窗口，圣诞老人正是透过这个小窗口与读者一起看向屋子里。这样的设计符合中班幼儿的兴趣，深受他们喜欢。阅读过程中，幼儿对下一页窗口将出现的图案和窗后的真相充满想象和期待，从而让阅读变成了一场快乐的游戏。

由于各国文化的不同，许多图书的内容打上了当地的文化、习俗等烙印，体现出浓厚的地域文化。一些图书的内容在直接明了地表现当地文化或生活习惯的同时，也把那些原本枯燥干涩的知识用幼儿易于接受的方式呈现出来。屁股是身体的一个隐私部位，我们总认为它难登大雅之堂，羞于和幼儿讨论有关屁股的一些问题。丹麦作家迈普里斯·安徒生创作、叶世邦·杜拉航绘画的《呀！屁股》，用几近漫画式的画风反映了不同种族人群的屁股颜色、不同国家对屁股的称呼等，还提到一些动物的屁股。除此之外，作者和绘画者还大胆地将长着毛的粉红色屁股作为书的封面，给幼儿以强烈的视觉冲击。大班幼儿在笑得前俯后仰的同时，拓展了眼界，丰富了想象，提升了对屁股这一部位的认识。

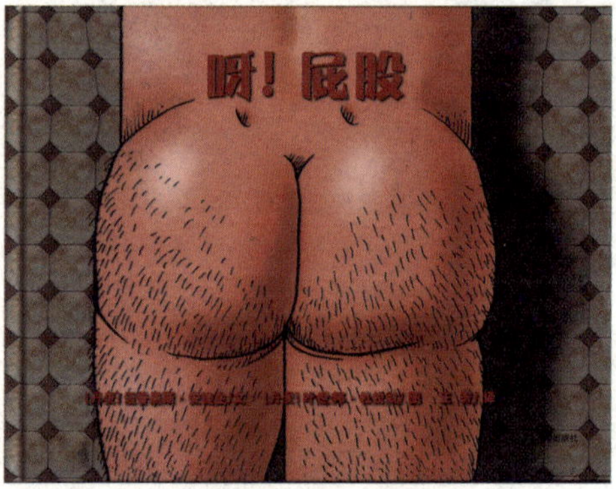

《呀！屁股》封面

兴趣是学习的基础，是最好的老师。教师要尊重幼儿，观察幼儿，接受幼儿，敏感地捕捉幼儿的兴趣，选择并提供幼儿喜欢的图书，同时也应当恰当地顺应幼儿的兴趣，选择、分析并挖掘图书中幼儿感兴趣的内容，使幼儿更能发挥主观能动性，全身心地投入阅读活动。

四、符合幼儿的年龄特征

针对美国幼儿教育领域曾在很长一段时间内普遍出现的“小学化”倾向，幼教专家和心理学家们提出了发展适宜性原则。发展适宜性原则，就是幼儿教育的媒介、内容与方式等都应符合幼儿的年龄特征，过于简单的媒介不能引发幼儿的兴趣，超过接受水平的媒介不利于幼儿的身心健康发育。我们在选择图书时要遵循不同年龄段幼儿生长的客观规律，根据不同年龄段幼儿的发展目标，选择适宜幼儿身心发展特点的图书，引导幼儿主动参与，在提高认知的同时发展能力。

《小金鱼逃走了》这本绘本，画面简单生动又充满童趣，角色形象俏皮又可爱，故事情节较为单一。该书的画面充满了巧妙的设计，小金鱼就像跟小朋友玩游戏一样，躲躲藏藏。幼儿通过认真观察画面，辨认形状和色彩，找到并说出小金鱼出逃后躲藏的地方。阅读《小金鱼逃走了》，可以培养幼儿的观察能力和语言表达能力。这是一本可以一玩再玩的好书，比较适合直接投放在阅读区供小班幼儿阅读。

《小金鱼逃走了》内文画面

中班幼儿自我意识逐渐萌发，规则意识开始萌芽，具体形象思维占优势，动作发展更加完善，精力和体力也更为充沛。针对这一年龄特征，教师可以选择“大卫系列”投放于阅读区。该套图书以作者小时候的生活为雏形，刻画了一个淘气又有点无厘头的小男孩形象，奇思妙想贯穿其中，内容贴近幼儿生活。幼儿在阅读“大卫系列”图书时，常常不自觉地产生代入感，因而这一系列图书特别受到幼儿的追捧。

《蚯蚓的日记》整本书以“日记画”的形式呈现，透过那一页页惟妙惟肖的图画和幽默风趣的语言，仿佛看到了蚯蚓世界以外的一个个活生生的正在经历着成长的幼儿。这是一本非常适合自我意识开始萌芽的大班幼儿阅读的绘本。

幼儿的记忆和思维能力等认知的发展非常重要，教师应综合考虑不同年龄段幼儿的身心发展特征，把握幼儿感知觉、注意等发展的水平，选择适宜其阅读的图书。

五、促进幼儿的发展

图书对于幼儿的发展有非常重要的作用，本书第一章已经详细讨论，这里就不再赘述。幼儿教育，归根结底就是要促进幼儿的发展，因此我们在选择图书时除了要贴近幼儿的生活、满足幼儿的需要、符合幼儿的兴趣、考虑幼儿的年龄外，还要能够有效促进幼儿的发展。

蒂尔德·米歇尔斯创作的《咚咚咚，谁来了》，将爱与和平这样恒久伟大的主题隐喻在小小的故事里，画面优美而温馨，语言押韵而生动，是一本非常值得向小班幼儿推荐的图书。对于小班幼儿，他们的直观形象思维使他们把更多的注意力放在敲门的声音上：“咚咚咚”，清脆的敲门声；“哒哒哒”，温柔的敲门声；“梆梆梆”，深沉的敲门声。教师可以利用“咚咚咚”敲门声的音乐性，用非洲鼓或高或低或快或慢地表现出不同动物敲门的场景，通过建立变幻的鼓点与动物体形、动态之间的联结，丰富幼儿对鼓点与节奏的审美认知，能很好地激发幼儿的想象，促进幼儿的表达，淋漓尽致地发挥图书的多元价值。

琳达·克兰兹创作的《勇敢做自己》、埃里克·巴蒂创作的“奇奇鼠”系列创意认知幽默绘本《踩呀踩呀踩棒子》和麦克·格雷涅茨创作的《10只小猴加油!》等绘本，语言富有音韵美的特征。《勇敢做自己》以小鱼丹尼在回家路上的发现为引子，用“有些鱼”开头的排比句式，围绕鱼的排列方式、鱼的颜色、鱼群的疏密状态、鱼的不同喜好等进行描述，句式对仗整齐又带有一定的反义，如“围成圈”和“排成线”、“五颜六色”和“朴素淡雅”、“成群结队”和“独自畅游”等。其中部分重复性的语句，有音乐般的旋律，读起来朗朗上口，节奏鲜明，能有效提升中班幼儿的语言能力。

绘本《鸭子农夫》，讲述了一个好吃懒做的农夫每天让农场里的鸭子干各种活，而自己整天赖在床上一动也不动，直到有一天，农场里的动物们决定反抗，最终农夫落荒而逃的故事。教师敏锐察觉到大班幼儿对于该书的喜爱，决定利用该图书开展早期阅读活动，让幼儿熟悉跌宕起伏的故事情节，帮助幼儿感受角色间鲜明的形象对比，培养幼儿勤劳勇敢的良好品质。同时，教师还以这本书的内容组织创意戏剧活动，与幼儿一起改编故事情节、创作戏剧脚本、分配角色、制作服饰道具、创编对话与动作。整个活动过程中，教师引导幼儿从选择到阅读、从阅读到参与、从参与到创造，全方位地促进了幼儿的发展。

《鸭子农夫》内文画面

每一本图书都有其独特的多元价值。同一本图书可能会同时促进幼儿语言、思维、情绪情感和社会性等多方面的发展。教师在选择图书时，要做到眼中有幼儿、心中有目标，帮助幼儿在原有水平上得到提高和发展，使他们在阅读过程中逐渐形成受益终身的阅读习惯和阅读兴趣。

六、关注幼儿的审美

绘本是图文结合的视觉艺术类作品。优秀的绘本在表现手法、表达技巧和艺术风格等方面均有突出的美学欣赏价值，不同的表现手法给人以不同的审美体验，不同的表达技巧给人以不同的审美认知，不同的艺术风格给人以不同的审美感受。绘本的美学特征有利于培养幼儿的审美认知，丰富幼儿的审美体验，从而提升幼儿的审美表现能力。

迪克·布鲁纳的“米菲绘本系列”、伊东宽的《首先有一个苹果》、宫西达也的《好饿的小蛇》等是卡通风格的代表作。这类图书具有色彩鲜艳、轮廓简洁和外形简单等特征，画面富有童趣，符合小班幼儿的发展水平和审美品味，深受他们的喜爱。

水彩画是以水作为媒介，通过水的多少来调和水彩颜料，从而产生色彩干湿浓淡的变化，表现出清澈纯净、透明清新、温润流畅的效果。《小黑鱼》是水彩画绘本的典型代表。该书画面中，以透明稀薄的水彩表现海水流动的状态，以半透明的状态展现水草随水摆动的感觉，以较为浓重的笔触来描绘鱼。不同的水彩质地凸显出海底丰富的层次感，小红鱼与小黑鱼形成鲜明的对比，有效地突出故事主角，产生灵动的效果。画面还通过掺杂一些裂缝制造出丰富多变的视觉效果，烘托出海洋自由自在的状态。中班幼儿在阅读这本书时，除了感受小鱼们团结协作和勇敢无畏的精神品质外，还能初步了解拓印水彩这一独特的绘画风格，拓展幼儿的审美视界。

《小黑鱼》内文画面

《爷爷有没有穿西装?》中运用单一的色彩和刮擦的手法表达爷爷离开的

悲痛与压抑，雷蒙·布力格自编自绘的无字经典图书《雪人》用黑灰白的明暗对比营造出柔和、朦胧的梦幻感，《爱心树》中刚健有力、黑白分明的笔触给人以简洁明快的感觉。这些绘本的色彩变化、明暗对比、虚实搭配等以及高超的艺术表现技巧，使绘本达到了引人入胜的效果，深受大班幼儿的喜爱。

绘本的创作，从艺术构思到艺术传达，从审美认知到审美表达，不同的表达技巧赋予绘本以特有的魅力，深深吸引着幼儿，也丰富了幼儿的审美体验。

第四章　早期阅读教学活动的指导策略

早期阅读教学活动是指教师有目的、有计划、有组织地面向幼儿，围绕图书开展的集中的早期阅读活动。从理论上来看，它具有高效性、经济性的优势以及系统性、引领性的特点。随着教师对《指南》的深入学习与领会，在组织早期阅读教学活动中，教师的关注点逐渐从“教”转向了幼儿的“学”，也逐渐克服了“过早识字”“阅读等同看图讲述”“阅读等同故事教学”“没有幼儿自主阅读”等问题，更多地关注幼儿的主动性，倾向于让幼儿成为自主阅读者，力图通过教学活动提升幼儿的自主阅读能力。我们在教学实践中，将早期阅读教学活动的组织分为前、中、后三个阶段，三个阶段的教师指导策略分别指向不同的要点：活动前的指导策略主要指向图书选择、图书解读、丰富幼儿经验和制订活动计划，活动中的指导策略主要指向教师导读、师幼共读、幼儿自主阅读，活动后的指导策略主要指向活动开展后的延伸与反思。

一、早期阅读教学活动前的准备

（一）选择适宜图书

早期阅读教学活动需要阅读材料，其中最为典型的阅读材料就是图书。图书选择的基本原则是贴近幼儿的生活、满足幼儿的需要、符合幼儿的兴趣、考虑幼儿的年龄特征、促进幼儿的发展、关注幼儿的审美等（详见本书第三章）。作为集体性早期阅读教学活动的重要载体，图书的选择最重要的是遵循适宜性原则，结合幼儿的年龄特征和已有经验，符合循序渐进和难度适宜的要求。只有符合幼儿阅读经验和阅读水平的图书，才能调动幼儿阅读的兴趣，保证早期阅读教学活动的质量。

（二）解读图书价值

在选择适宜的图书的基础上，教师需要对图书进行深入的阅读、欣赏和理解，分析所选择图书的内容和形式特征。教师自己先要读懂、读精，才能帮助幼儿获得有意义的阅读经验。例如，《小象的澡盆》是一本非常适合小班幼儿年龄特征的图书，画面简洁、色彩艳丽、形象可爱、简单易懂，讲述了小象在寻找澡盆的过程中认识了不同的动物与澡盆、建立了“大”与“小”的概念的故事。

（三）丰富幼儿经验

幼儿的已有经验对阅读活动的顺利开展有着至关重要的作用。作为教师，应该先了解幼儿所拥有的、能够帮助他们理解图书的知识和经验有多少，要为幼儿做好相关经验的准备，为顺利开展阅读活动提供保障。例如，在开展阅读《为什么我不能?》的活动之前，教师要引导幼儿熟悉小鱼、小鸭子、小鸟、小猫、小狗和小牛的特征，为学习并仿编“为什么我不能……像……那样”的句式提供前期经验。再如，《化装》中的海盗、妖怪等与幼儿的生活离得比较远，如果活动之前不事先丰富幼儿的经验，幼儿恐怕连角色的名称都说不出来，更无法掌握“我是……”的句型。所以，开展阅读《化装》教学活动之前，教师要先向幼儿介绍各个角色的特征，在阅读活动时幼儿才能很好地把相关的经验与书中角色联系起来，有助于活动的顺利进行。

（四）制订活动计划

早期阅读教学活动的计划制订，包括设计意图、活动目标、活动准备、活动过程、活动延伸等。“设计意图”要简单地阐述选择这本图书的理由及如何对活动进行设计；“活动目标”则是从幼儿角度制订，关注幼儿早期阅读核心经验的获得；“活动准备”包括幼儿经验准备、材料准备、环境创设、资源利用等；“活动过程”始终关注幼儿在活动中要达到什么目标、应该如何设计来促成幼儿的发展和目标的达成，并关注幼儿在活动中的表现；“活动延伸”包括日常生活、游戏活动、家园共育、领域整合等。

二、早期阅读教学活动中的指导

（一）教师导读的策略

教学活动开始阶段的引题，需要激发幼儿的阅读兴趣，为阅读活动的顺利开展提供保障。教师应根据图书内容的不同，采用不同的引题方式。

1. 利用图书名称导入

一些图书的书名是对故事的概括。教师可以直接告诉幼儿书名，让幼儿猜测会发生什么事，让幼儿在验证自己的猜测中维持高度的注意力，保证阅读活动的顺利进行。如大班阅读《会飞的抱抱》的教学活动开始阶段，教师

《会飞的抱抱》封面

利用书名引发幼儿猜想："为什么抱抱会飞？飞到哪里去？"让幼儿带着问题参与活动。

2. 利用图书封面导入

封面一般是图书最重要信息的集中展示。拿起一本书，首先映入我们眼帘的就是封面。佩里·诺得曼和梅维丝·雷默在《阅读儿童文学的乐趣》一书中说过：封面是我们对书进行预测的最重要的来源。用封面来引题能很好地激发幼儿的好奇心。幼儿可以从封面上猜出这本书讲了一个什么故事。如小班阅读《大卫，不可以》的教学活动中，图书的封面上大卫正踩在书本上，踮起脚尖，要去触碰高处的鱼缸。教师利用这一危险的行为，引发幼儿讨论，并引出图书的名字。

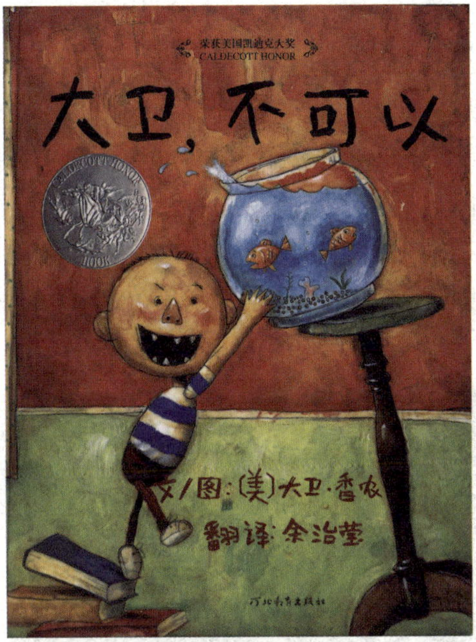

《大卫，不可以》封面

3. 利用图书角色导入

用图书的角色来引题，能有效激发幼儿参与活动的积极性。幼儿了解了角色的行动之后，喜欢猜测角色下一个行动会是什么。如大班阅读《小猪变形记》的教学活动，教师可以利用角色导入："有一只小猪，觉得很无聊，每天都天马行空地想象自己变成各种小动物，看到什么就想变什么。今天，它又有了新主意！你们猜猜它想变成谁。"

4. 利用游戏导入

这种导入方法是将游戏作为阅读的引子，而将阅读作为游戏的延伸。利用游戏性体验作为引题，是教师经常采用的一种方法。如中班阅读《谁藏起来了》的教学活动，教师先请幼儿玩捉迷藏游戏，再进行图书的阅读，不仅丰富了幼儿的经验，而且增加了趣味性。

（二）师幼共读的策略

1. 引导幼儿观察

观察是一种有目的、有计划的比较持久的知觉过程。早期阅读教学活动中的观察，主要是指幼儿能够细察图书画面，获得相关的信息（如图书的主要角色、角色心理活动等），了解图书中故事发生的时间、地点及环境，把握图书的情节和发展线索，发现隐匿在画面中的细节等。如小班阅读《抱抱》的教学活动中，教师引导幼儿观察封面、认识图书的主要角色，提问："封面上有谁?""它们在干什么?""它们的表情是怎么样的?"然后引导幼儿观察主要角色的表情，猜测接下来发生的故事情节。在指导幼儿阅读《抱抱》的过程中，需要引导幼儿观察、发现小猩猩的表情变化，来感受小猩猩的情绪变化。

《抱抱》封面

2. 引导幼儿猜想

猜想是有方向的猜测和判断。在早期阅读教学活动的过程中，教师需要引导幼儿根据画面信息对图书内容进行猜测，并用语言表达出来。这对幼儿的语言和思维的发展有着重要的意义。围绕图书进行的猜想，可以激发幼儿阅读的兴趣；围绕图书重点画面进行的猜想，可以让幼儿大胆推测图书情节的发展；围绕图书细节进行的猜想，可以挖掘图书较深层次的内涵。

[案例] 大班阅读《我的幸运一天》的教学活动中，当幼儿阅读到小猪走错门而狐狸打开门的画面时，教师通过提问，引发师幼对话，鼓励幼儿展开猜想。

《我的幸运一天》内文画面

师：小猪什么表情？它为什么会这样？

幼：小猪发现不是小兔子很惊讶，它想赶紧逃跑。

幼：很害怕，怕狐狸把它吃掉，汗都吓出来了。

师：小猪怎么了？如果你是小猪该怎么办？（引导幼儿大胆猜测并表达）

幼：小猪被狐狸抓住了。

幼：喊“救命”，赶紧跑。

师：是的，如果周围有人的话可以大声喊叫，然后趁机逃跑，可是小猪这样做有用吗？为什么？

幼：没用，这是在狐狸家里，关着门，别人听不见。

幼：可以打狐狸，把狐狸打痛，等狐狸的手放开后就赶紧逃跑。

师：老师听懂你的意思了。我们看看图上的狐狸和小猪，如果比力气，小猪能打得过狐狸吗？为什么？

幼：打不过，因为小猪太小，狐狸很高，力气很大。

师：那怎么办？

幼：小猪放个屁，把狐狸臭晕。

幼：给狐狸挠痒痒，他痒得受不了了放手时就逃跑。

师：如果这是一只怕痒的狐狸的话，这个办法可能行。

幼：小猪用力拔下狐狸身上的几根毛，狐狸痛得不行时会放手，就赶紧逃跑。

幼：趁狐狸不注意，拿桌上的辣椒粉喷到他的眼睛里，然后在他揉眼睛的时候逃跑。

3. 引导幼儿讲述

早期阅读教学活动中的幼儿讲述主要指幼儿能讲清楚图书中的角色、事件、表情、动作以及对话等。例如，小班阅读《大卫，不可以》的教学活动中，导入环节之后，师幼共同阅读前两页，教师提问："大卫做了哪些事情？""妈妈会说什么？"教师是在幼儿观察、模仿妈妈和大卫动作的基础上，引导幼儿讲述对内容的理解。又如，大班阅读《漏》的教学活动中，为了帮助幼儿认识故事的主要角色老虎和小偷，教师设计了问题："他们是谁？""他们有什么表情和动作？""为什么要做这样的动作？""他们想干什么？"……教师提出这些问题，目的是引导幼儿结合自己的观察和猜想，大胆地讲述自己对画面的理解。

4. 引导幼儿归纳、总结

当幼儿对图书的情节和内容有一定的理解后，教师需要鼓励幼儿将内容进行归纳和总结。引导幼儿归纳、总结，既可以针对图书的部分内容，也可以针对整本图书的内容。

（1）对图书部分内容的归纳、总结

对图书部分内容的归纳、总结，能让幼儿迁移通过阅读已经获得的经验，为后面的阅读提供支持。例如，大班阅读《停不下来的迈克斯》的教学活动中，首先，教师与幼儿共同阅读图书前 11 页内容，理解了主人公迈克斯需要做三件事情——"收拾好玩具""换上干净的睡衣""喂好金鱼毛毛"；其次，幼儿通过阅读，理解迈克斯是如何完成收拾玩具这件事情的。在教师引导下，幼儿归纳出：迈克斯在遇到问题时戴上"思考帽"进行思考，想办法解决问题。幼儿的归纳，总结了已经得到的阅读经验，并有效地运用于后面内容的阅读中。

教师引导幼儿对图书部分内容的归纳、总结，特别适合于重复性故事情节的图书。当然，教师还可以借助图表的方式帮助幼儿归纳，让幼儿依据图表的线索开展阅读。例如，教师根据迈克斯要完成的三件事情制作了表格，引导幼儿根据表格中罗列的信息，自主阅读并归纳绘本后面的内容。

[案例]

《停不下来的迈克斯》记录表

思考与决定 / 任务				迈克斯的决定……
	 懂点事儿……	 淘气点儿……	 疯狂点儿……	

（2）对整本图书内容的归纳、总结

①用一句话归纳、总结

有的图书内容较简单，教师可以引导幼儿用一句简单的话来概括图书的主要内容。如大班阅读《板着脸的象》的教学活动中，教师可以引导幼儿用一句话的方式概括图书的主要内容：小象和小猪吵架及和好。

②用一段话归纳、总结

有的图书内容较复杂，用一句话归纳不了图书的内容，教师则可以引导幼儿用一段话来概括图书的主要内容。如大班阅读《搬过来，搬过去》的教学活动中，教师可以引导幼儿用一段话的方式概括图书的主要内容：鳄鱼和长颈鹿两位好朋友希望生活在一起，但因为身高差，住进对方的房子里遇到了种种困难，最终想方设法解决了困难并住在一起。

在实际教学过程中，针对内容比较复杂的图书，教师可以采用直观的图片进行梳理，让幼儿快速建立起画面之间的逻辑关系，有利于他们归纳图书的内容。这样，既能避免教师重复讲述图书的内容，又能使活动的形式更为活泼生动。如小班阅读《咕咚》的教学活动中，教师在引导幼儿带着问题阅读图书的基础上，根据图片梳理图书里的角色，让幼儿直观感受六只由小到大的害怕“咕咚”的动物，方便幼儿归纳内容。

《咕咚》梳理图

当然，在中、大班阅读教学活动中，教师也可以根据实际情况，只提供图表而由幼儿自己来丰富图表的内容并归纳图书的内容。如中班阅读《今天

《今天运气怎么这么好》梳理图

运气怎么这么好》的教学活动中，在幼儿自主阅读后，教师提供图表，让幼儿梳理图书中故事的主要内容：大灰狼乌鲁三次到朋友家，都没有把他在森林里看到一群猪的事情告诉好朋友，是因为在三个朋友家里品尝美食而忘记了这件事。但是，他每次在路上突然想起自己忘记告诉朋友小猪的事情时，依然觉得今天运气非常好。

③用给图书命名的方式归纳、总结

给图书命名，在幼儿园语言领域教育活动中较常见。在早期阅读教学活动中，教师可以利用这种方式，引导幼儿用简短的词组或者句子给图书取名字，揭示图书的主题。如大班阅读《我的幸运一天》的教学活动中，幼儿给图书取的名字可能是“聪明的小猪”“小猪和狐狸”，也有可能是“小猪逃跑了”“一只聪明的小猪和一只狡猾的狐狸”“幸运的小猪”等。对于幼儿的各种命名，只要符合图书的内容，教师就应给予肯定与鼓励。这种归纳方式对幼儿的要求比较高，需要幼儿在理解图书内容的情况下，发挥一定的想象力和创造性思维能力。所以，这种归纳方式比较适宜在中、大班开展早期阅读教学活动中运用。

（三）幼儿自主阅读环节的指导策略

1. 选择自主阅读方式

幼儿的自主阅读，可以根据实际需要进行独自阅读和合作式阅读。独自阅读，是幼儿每人手持一本绘本阅读。这种方式可以保证幼儿根据自己的阅读经验和阅读水平与图书进行互动，细致地观察画面，理解图书的内容。教师能从幼儿自主阅读的过程中，观察并发现幼儿阅读的兴趣点和难点。合作式阅读，是两名幼儿共同合作阅读一本绘本。这种方式有利于同伴之间的情感沟通和信息交流，适宜放在中、大班开展。一般情况下，如果图书故事中有两个主要的角色并形成一定冲突，这样的图书适合两名幼儿共同阅读。如中班阅读《鸭子？兔子?》的教学活动中，在自主阅读环节，教师引导幼儿按照自己对画面内容的判断，自愿分成两组，同组幼儿两两共读，一起寻找能证明自己观点的线索，并大胆表述自己的观点、说服对方。

2. 营造自主阅读环境

安静、宽松的阅读氛围，是自主阅读环境的基本要求。在幼儿自主阅读过程中，教师可以适当播放一些背景音乐，让幼儿在自由、宽松的氛围中进行阅读；可以鼓励幼儿在阅读过程中与同伴进行小声交流，对画面发表自己的理解；可以让幼儿在阅读过程中与教师进行对话，向教师提出阅读中的疑惑等。当然，方便取放图书的物质材料（如图书袋、移动书架等）也是必不可少的。

3. 明确观察要点

教师要注意观察幼儿自主阅读的行为，观察要点包括：幼儿是否有兴趣看这本图书；幼儿看书是否按照一定顺序看，是否有跳页、漏页的情况；幼儿看的时候是否对难点画面有停留，在遇到前后画面存在一定联系的时候是否运用了回头寻找、对比画面信息等方法；幼儿的专注力如何；幼儿看书的过程伴随着哪些行为，是边看边讲、边看边笑，还是找同伴讲述自己的发现；幼儿合作阅读中伴随着哪些行为；幼儿是否有良好的阅读习惯；等等。

观察不仅能为教师适时地指导幼儿提供支持，还能为后面梳理图书内容与提升幼儿经验提供依据。因此，教师要注意观察不同幼儿的表现：有的幼儿阅读速度快，但他们是否了解了画面的内容、有无对画面的细节信息进行观察；有的幼儿阅读速度慢，他们是在哪些画面、哪些环节的阅读上出现了问题，哪些内容是幼儿不易理解与掌握的；有的幼儿喜欢对哪一页的内容进行重复或长时间的阅读；等等。教师需要观察、了解幼儿的阅读情况，从而更好地指导幼儿阅读。

4. 适时给予指导

教师需要在观察的基础上，对幼儿进行适宜的指导。在早期阅读教学活动中，教师的指导可以从四个方面进行：一是培养幼儿良好的阅读习惯。教师可以采用如“一页一页轻轻翻，慢慢看，不跳页”“拇指、食指碰一碰，轻轻往后翻一页”“小声交流，不影响他人”等语言轻声指导，在潜移默化中引导幼儿形成良好的翻书习惯和阅读常规。二是提示阅读的重难点，提醒幼儿对重点画面或难以理解的画面进行观察、推测、判断等。三是倾听幼儿在阅读过程中对画面内容的讲述，在适宜的时机进行提问，与幼儿互动，也可以根据活动环节设计的实际需要，引导幼儿对感兴趣的页面进行标记，方便后面的分享交流。四是鼓励幼儿自主阅读，对幼儿的表现给予情感支持。

教师要加强自身的素养，提升形成性评价的能力，对幼儿阅读中出现的一些个别性问题，可以边观察边指导；对普遍出现的问题，要在之后的环节中进行有针对性的引导。

三、早期阅读教学活动后的延伸与反思

（一）早期阅读教学活动后的延伸

教学活动的延伸是指教师将教学活动内容延伸至活动后，从而拓展教学的内容，加深幼儿对活动内容的理解、运用和深化。早期阅读教学活动后的延伸，主要有以下几种。

1. 游戏活动

游戏活动是拓展早期阅读教学活动内容的主要形式之一。教师不仅可以在阅读区引导幼儿继续阅读教学活动中阅读的图书，还可以结合相应的材料在不同的区域开展表演、讲述、自制图书、观察、欣赏等活动。

（1）表演区活动

教师可以根据图书内容，在表演区投放相应的头饰、手偶等，让幼儿扮演角色，通过表演的方式来表现对图书内容的理解。如中班阅读《拼拼凑凑的变色龙》的教学活动后，教师可以提供狐狸、鱼、长颈鹿、乌龟、大象、海豹等头饰，让幼儿自主表演绘本的内容。

（2）科学区活动

早期阅读教学活动中，幼儿常对图书中涉及的一些自然科学类的知识感兴趣。由于教学活动时间有限以及需要保证活动的有效性等，教师在活动中常常无法对这些科学知识进行全面和深入的解析，因此在科学区中进一步巩固和拓展图书中涵盖的科学知识很有必要。如中班阅读《安的种子》和《一粒种子的旅行》的教学活动结束后，教师与幼儿共同收集了各种类型的种子并投放在科学区供大家观察，随后根据幼儿的观察开展了“种子是个宝”“种子展览会”“我们和种子的故事”和“种子种植记”等活动，加深了幼儿对种子的认识和了解。

活动墙饰之一

活动墙饰之二

活动墙饰之三

（3）美工区活动

教师可以根据实际需要，在美工区投放各种材料和工具，让幼儿根据教学活动中所阅读图书的内容进行绘画、剪纸、粘贴等活动。如中班阅读《不一样的小豆豆》的教学活动结束后，教师可以在美工区为幼儿提供各色小圆球（充当小豆豆）以及各种装饰材料，让幼儿大胆装饰小豆豆，并和同伴分享交流。

2. 生活活动

幼儿的一日生活即教育。早期阅读教学活动结束后，教师可以根据幼儿的兴趣和需要，把教学活动所阅读图书的内容渗透到生活活动中。如小班阅读《早餐，你喜欢吃什么?》的教学活动结束后，教师可以在午饭前的谈话活动中引导幼儿讨论“午餐，你喜欢吃什么?”，以此来引发幼儿对午餐的兴趣，帮助幼儿养成不挑食的好习惯。

3. 领域渗透

幼儿园的活动可以相对地划分为健康、语言、社会、科学、艺术五个领域。早期阅读教学可以与其他领域活动进行整合，如在大班开展阅读《一颗超级顽固的牙》的教学活动后，教师可以与健康领域相结合，引导幼儿进一步了解换牙的相关知识。

4. 主题活动

主题活动的开展要以幼儿的兴趣为基础，教师可以在早期阅读教学活动中根据幼儿的表现捕捉幼儿的兴趣点。图书中的某一角色、场景和自然物质等，常常让幼儿兴趣盎然，教师可以此为契机，选择适合的主题内容开展主题活动。如在开展阅读《蚂蚁和西瓜》的教学活动后，幼儿对蚂蚁有继续探究的兴趣，教师就可以围绕这个内容开展“蚂蚁”的主题活动。

5. 家园共育

亲子共读对幼儿阅读兴趣的培养和阅读能力的提升有着积极的意义，因此有必要把家园共育纳入阅读活动的延伸中，如活动后可以在家园联系栏布置一些亲子阅读小任务，让早期阅读教学活动延伸到家庭中。

（二）早期阅读教学活动后的反思

早期阅读教学活动结束后的反思，是教师在先进的教育理念的指导下，运用行动研究，对阅读活动过程中出现的问题进行反思、质疑、探索，并提出具体、有针对性的策略，提升阅读活动的科学性、合理性。早期阅读教学活动后的反思不仅能促进教师专业成长，还能提高后续阅读活动教学质量、解决幼儿教育实际问题、促进幼儿身心发展。

[案例] 大班阅读《停不下来的迈克斯》教学活动后，某教师的自我反思如下：

1. 环节设置合理，有效地达成了活动目标。第一环节，以介绍主人公导入，激发了幼儿的阅读兴趣；第二环节，师生共读，明确妈妈交代迈克斯要完成的三个任务，并理解迈克斯完成第一个任务“收拾玩具”时“思考帽”给他的帮助；第三环节，我提出阅读要求并让幼儿有目的地自主阅读，锻炼幼儿自主观察画面信息的能力；第四环节，完整地阅读，让幼儿完整地感受了故事的风趣与幽默，懂得了做事情应三思而后行。整个阅读活动环节设计由易到难，层层递进，幼儿在其中有主动性和兴趣。活动促进了幼儿自主阅读能力的发展，有效地实现了活动目标。

2. 提问设计有效，能引导幼儿深入地阅读。第一，设计开放性的问题，如：“你觉得迈克斯这样做好吗？你有什么更好的建议？”这样的问题能更好地帮助幼儿根据图书内容进行思考。第二，设计有针对性的问题，帮助幼儿理解图书的难点，如：“迈克斯戴上‘思考帽’，如果懂事点（淘气点、疯狂点），你认为他可以怎么做？”这种有一定挑战的问题，可以让幼儿更有目的地观察图书画面的信息，引导幼儿对图书内容进行深入的观察并得出正确结论。

3. 回应有效，能够提升幼儿自主阅读的兴趣和能力。幼儿在自主阅读中对一些画面的内容有自己的理解，特别是对自己感兴趣的画面会更加关注。如读到最后部分，一个幼儿就对鱼缸里的毛毛观察得特别仔细，她自己站起来说：“毛毛很难过。”我就问：“它为什么难过呢？”该幼儿说：“它吃了迈克斯喂的脏脏的鱼食，很不开心。”我进一步问：“你是从哪里看出来的？”我的有效回应，能够及时满足幼儿的阅读需求，提升幼儿观察画面细节的能力，同时也能够更有效地激发幼儿阅读的兴趣。

4. 梳理表格的运用恰当。梳理表格是对我提出的问题的具体呈现，能够帮助幼儿有目的地进行自主阅读，同时也为幼儿的表达与讲述提供了帮助。我也巧妙地借助梳理表格进行小结与提升。

本次阅读活动中，我个人觉得在提问的设计方面有所进步，但在面对幼儿自主阅读中出现的对自己关注的画面、对正确的故事线索有不同见解与看法的回应策略上，还不够灵活。在满足幼儿需要的同时如何提升幼儿的阅读能力，是我要继续努力的方向。

第五章　阅读区活动的指导策略

幼儿园阅读区中，虽然幼儿是自愿自主地开展阅读活动，但并不意味着教师无所作为。教师需要根据幼儿的兴趣和阅读能力，与幼儿一起创设阅读区环境，选择并投放适宜的图书及其他材料，制订合理的计划并组织、实施。教师可以在观察与分析幼儿阅读行为的基础上，支持、引发和促进幼儿在阅读区的学习与游戏。

一、环境创设与材料投放

合理创设阅读区的环境，需要教师明确阅读区创设的功能。教师不能将阅读区作为分流幼儿、减少活动区压力的渠道而使阅读区成为一个隐性的区域。要满足幼儿的阅读兴趣和阅读需要，就必须为幼儿提供良好的阅读环境。阅读区应该设置在光线充足且安静的地方，有相对封闭的空间。空间布置上应以简洁、温馨为主。

阅读区环境创设示例一

阅读区环境创设示例二

除了阅读材料外（后文将专门讨论），辅助材料可以是教师投放的，也可以是根据需要引导幼儿制作的，包括故事盒、故事骰子、阅读记录卡、阅读标志、图文并茂的阅读规则等。辅助材料投放的目的是为了吸引幼儿参与阅读，支持幼儿自主阅读。阅读区里还应有舒适的坐垫、靠枕、书袋、纸、笔等辅助材料。特别需要指出的是，幼儿园在创设阅读区的时候要将故事播放设备、手偶、表演道具等其他语言学习材料分开投放，或者在开展自主阅读活动时另开辟一个空间让幼儿进行其他语言类的活动，避免阅读氛围受到干扰，影响幼儿良好阅读习惯的养成。

[案例] 某班阅读区中图书整齐有序，区角的盘子里面放着故事卡片、手偶等，墙上贴着四幅故事的图片。一名幼儿正在手舞足蹈地讲述《葫芦娃》的故事，教师走过去问他："你能把你讲的故事画下来，让其他小朋友看看吗？"他想了想说："这里没有桌子，也没有纸。"

教师的指导策略是正确的，让讲故事的幼儿去画故事，避免干扰其他幼儿的阅读，但由于阅读区没有桌子和纸，教师正确的指导变成了无效的指导。阅读区应提供必要的书写材料，方便幼儿及时表达自己的情感和想法，让幼儿习得初步的书面表达技能。

[案例]

阅读记录卡（示例）

亲爱的小朋友，你最喜欢这本书哪一页的内容呢？请试着把它画下来，再跟好朋友说一说为什么吧。

班级：__________ 号数：__________

日期	______月______日
喜欢 中哪一页？ 用 画一画吧。	
	内容清晰：☆☆☆☆☆ 声音响亮：☆☆☆☆☆ 表述连贯：☆☆☆☆☆

金教鞭

在阅读区设置中，应注意以下两个方面的问题。

第一，明确阅读区的基本功能，不适当的环境易误导幼儿。

[案例] 在阅读区的小帐篷里，两名幼儿正在玩“娃娃家”的游戏。原本提供在帐篷里的图书散落得到处都是。舒适的靠枕、可爱的玩偶成了他们游戏的道具。他们忙着做菜并讨论做什么菜、过会儿请谁来吃。旁边的“懒人沙发”上有两个女孩，她们两个人各自快速随意地翻了一本图书后，就开始在“懒人沙发”上玩游戏，躺着、趴着、躲着，“懒人沙发”成了她们最喜欢的道具。

教师利用小帐篷创设阅读区，本无可非议，但小帐篷中“舒适的靠枕、可爱的玩偶”以及“懒人沙发”等，违背了阅读区创设的简易原则，使得阅读区失去了其作为幼儿自主阅读空间的功能。不适当的材料与环境，易误导幼儿利用阅读区开展其他区域的游戏。

第二，确保阅读区的相对独立，保证阅读活动的开展。

[案例] 中班的阅读区里，几个女孩子正在进行播报活动。一个小女孩手持话筒，声音甜美地说着自己的国庆见闻，不时还有小朋友问她问题，她很认真地回答。一旁还有三个小男孩正在玩“苹果蹲”的游戏，场面热闹异常。三个男孩不停地变换规则，提出新的挑战，一旦有小朋友在游戏中出现问题，导致游戏中断，他们三人就哈哈大笑。同时，三人还不断关注自己盘子里糖果（奖励用的）的情况，大声地数着自己糖果的数量。阅读图书的小朋友只有两三个，他们在角落里看书，时不时看看播报的小朋友，再瞧瞧玩“苹果蹲”游戏的小朋友。

阅读区要相对独立，要与其他区域区隔开，保证幼儿能专注地阅读。上面的案例中，教师没有把握阅读区应相对独立的原则，将播报活动、语言游戏等其他语言类活动与阅读活动混合开展，造成了阅读环境嘈杂，干扰了阅读活动的开展。

二、阅读区的规则建立

阅读区规则是约束幼儿阅读行为、提高幼儿阅读效果的必要手段。阅读区的特点决定了进阅读区需要控制进区人数并遵循“三轻原则”——走路轻、取放轻、说话轻。教师可以引导幼儿脱鞋进区，在一定程度上保证“走路轻”；还可以在地上粘贴小脚印，在控制进区人数的同时避免幼儿将鞋子乱扔。“取放轻”即幼儿取放图书时要轻拿轻放，一次拿一本，看完后需放回原处。教师可以给图书做不同图案、颜色的标记，便于幼儿收纳整理。“说话轻”即幼儿在阅读区应适当控制音量，不乱喊乱叫而影响他人阅读。除此之外，教师还应提醒幼儿在阅读时一页一页地翻书，不撕书，不乱涂乱画，发现破损图书及时修补；引导幼儿用正确的方式看书，不在阳光直射和光线昏暗的地方看书，注意用眼卫生。

针对以上规则，教师可以利用图谱的方式制作阅读区规则，提醒幼儿遵守，引导幼儿专注阅读，养成良好的阅读习惯。

阅读区规则示例一

阅读区规则示例二

阅读区规则示例三

阅读区规则示例四

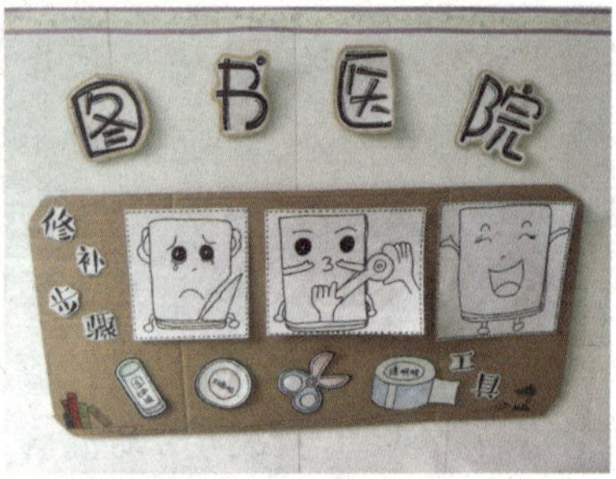

图书修补步骤示例

三、图书的选择与投放

幼儿园阅读区的阅读材料主要以绘本为主。阅读区的绘本选择与投放，应考虑以下两个方面：第一，适宜该年龄段幼儿阅读的绘本；第二，准备开展或已经开展的阅读教学活动所阅读的绘本。

根据年龄段选择并投放给幼儿自主阅读的绘本，可以从习惯养成、情感教育、科学启蒙、趣味故事、健康认知和益智游戏等方面考虑。下面是我们为小、中、大三个年龄班精选的部分绘本。

小班：《看，脱光光了!》《小金鱼逃走了》《黄色的……是蝴蝶!》《一人一半刚刚好》《我是一条快乐的鱼》《走开，绿色大怪物!》《幼儿园我来啦》《我不想离开你》以及“大卫系列”绘本等。

中班：《蚂蚁和西瓜》《小真的长头发》《别跑，球!》《快跑快跑》《兔子？鸭子？》《从窗外送来的礼物》《首先有一个苹果》《会说话的手》《晚安，大猩猩》以及“看里面”系列丛书等。

大班：《华夫先生!》《生气王子》《会飞的抱抱》《肚子里有个火车站》《我们的身体》《三顶帽子几个人》《咕噜牛》《神奇糖果店》《爷爷一定有办法》《动物绝对不应该穿衣服》《幼儿园里我最棒》等。

选择好图书之后，很多教师认为剩下的工作就仅仅是把图书投放到阅读区。一本图书一旦投放到阅读区，教师可能会面临幼儿阅读后关于该书内容的提问，还可能面临幼儿在阅读后开展的相关活动，如果教师没有任何准备，就无法真正促进幼儿的发展。教师需要对自己投放图书的内容进行解析，明确图书的主线和辅线，预设阅读的重难点以及围绕该图书可能形成的拓展活动，并设有“温馨提示”部分，供以后参考。下面是某教师准备在中班阅读区投放《晚安，大猩猩》绘本所做的分析。

[案例]

图书解析：《晚安，大猩猩》这本书，讲述了动物管理员与动物们在睡前发生的有趣事情。管理员去和大猩猩道晚安的时候，大猩猩悄悄拿走了他挂在裤袋上的一串钥匙。当管理员与大象、狮子、鬣狗、长颈鹿、犰狳等动物互道晚安时，大猩猩跟着他，逐一打开了关动物笼子的门。这些跑出来的动物悄悄跟着管理员，到他家里睡觉。后来，他的妻子发现了满卧室的动物，就把动物们一一送回动物园。最有趣的是大猩猩和小老鼠还是跟着她回到了卧室，和他们夫妻一起睡觉。故事内容有趣，主线明确；画面细节信息较多，文字非常少。绘本可能会引发幼儿多次翻阅与观察，适宜投放在中班阅读区。

主线：管理员与动物们友好共处的方式。

预设阅读重点：(1) 管理员与动物们友好共处的美好情感；(2) 猩猩为什么能打开动物园里不同动物笼子的门。

预设阅读难点：(1) 理解管理员妻子送动物回动物园的行为；(2) 理解猩猩、小老鼠为什么要和管理员夫妻睡在一起。

可能拓展的活动：根据绘本内容，让幼儿讲述故事。

温馨提示：该书可以在开展集体阅读后让幼儿继续阅读，观察并发现书中更多细节线索，如钥匙与笼子颜色的关系、小老鼠与香蕉的关系、动物笼子里的玩具与动物之间的关系等。

四、阅读区活动的导入

幼儿园区域活动的组织与实施主要包含导入环节、幼儿自主游戏与教师观察指导环节和分享交流环节。幼儿园阅读区的活动强调的是幼儿与材料之间的互动，教师以间接指导为主。在阅读区活动的导入环节，教师需要向幼儿介绍新材料及活动内容，提出活动要求。如大班阅读《蚯蚓的日记》的教学活动之后，教师将绘本投放到阅读区中，供幼儿阅读并自制图书。教师在导入环节中需对图书内容进行回顾，介绍本次活动的材料并提出活动要求，让幼儿在已有经验的基础上发挥想象与创造，与同伴合作记录阅读记录卡，尝试用“日记画”记录自己的日记，从而加深对“日记”的理解。

[案例]

大班阅读区《蚯蚓的日记》导入环节

1. 回顾图书

师：《蚯蚓的日记》这本书里记录了蚯蚓的许多日记，这么多篇的日记，你最喜欢哪一篇？为什么？

2. 介绍新材料

(1) 出示阅读记录卡，讲解记录方法

师：今天在阅读区，老师准备了阅读记录卡。请小朋友们看完绘本后，找出你最喜欢的那一篇日记，把它记录在记录卡上。先记一记这篇日记的日期，然后用自己喜欢的符号记一记蚯蚓那天的心情，最后找一个好朋友讲一讲这篇日记里的故事吧！

（2）出示日记本，鼓励幼儿记录自己的日记

师：蚯蚓把自己开心或难过的事记录在日记本里，编成了一本好看的图书。我们也可以把自己生活中发现的有趣的事情记录下来，小朋友可以取出爸爸妈妈送你们的日记本，记录属于自己的日记。

五、幼儿阅读活动的观察

在阅读区观察幼儿的阅读过程，有利于教师理解幼儿外在阅读行为所传递的内部信息，敏感地觉察幼儿的需要，并根据幼儿的特点做出及时、恰当的回应，以促进幼儿的发展。教师可以以《指南》中语言领域目标以及典型表现为参照，通过看、听、问、思考等方式，观察幼儿的阅读行为，了解幼儿在阅读中遇到的问题，对收集到的信息进行分析，并采取科学、适宜、有效的指导策略，促进幼儿的发展。

我们在实践和研究中，从看、讲、编、写画、自制图书、阅读区规则的遵守等方面，总结了幼儿园阅读区活动中幼儿行为的观察要点，以方便教师了解幼儿在阅读区的活动情况。

幼儿园阅读区活动中幼儿行为观察要点

看	1. 是否愿意看书，对图书有兴趣：从看的时间、次数、频率来体现。 2. 看的方法：逐页看、随意翻看还是倒着看。 3. 专注力。 4. 阅读中的社会行为表现：独自阅读、平行阅读还是合作阅读。 5. 对文字符号的兴趣与理解。 6. 看书时伴随的行为，如边看边讲、边看边笑等。
讲	1. 讲的态度：是否愿意讲、是否主动讲、能否大胆讲。 2. 表述能力：是否清晰、连贯、完整、生动，是否使用特别句式等。 3. 理解情况：能否理解图书的内容，能否大致说出故事情节或作品的主要内容。

续表

编	1. 仿编。 2. 续编。 3. 改编。 4. 创编。
写画	1. 写画的态度：是否愿意（喜欢）将编的内容画下来。 2. 写画的方式：绘画工具、绘画材料以及绘画形式的选择。
自制图书	1. 掌握书的结构：书名的确定、封面和封底的制作、页码的标注情况。 2. 制作能力：用不同的工具、材料和形式自制图书。
阅读区规则的遵守	1. 姿势：阅读的姿势、握笔姿势和坐姿是否正确。 2. 规则意识与规则遵守，如不乱撕书、扔书，看完书后能把书放回规定的位置等。 3. 爱护图书：懂得修补图书（如小班幼儿知道请教师帮助修补图书，中班幼儿能尝试修补图书，大班幼儿能独立修补图书）。

具体操作上，教师可依据观察要点，观察幼儿的行为，并通过看、听、问、记四个方面来了解幼儿在阅读区的活动情况。“看”主要是在自然情况下观察幼儿阅读图书的动作、神情、交往等；“听”主要是听幼儿在阅读图书的过程中与同伴或教师之间的交流；“问”主要是教师面对幼儿的行为表现，询问幼儿，了解幼儿的真实想法；“记”是将观察到的行为记录并分析，随后提出适宜的有效策略，为幼儿提供及时的、适合的帮助和指导。

[案例]

小班阅读区观察

观察地点：阅读区（小二班）

观察对象：小潘、小郭

材料投放：《黄色的……是蝴蝶!》

观察记录：

小潘和小郭坐在一起看《黄色的……是蝴蝶!》。小郭指着封面上白色的网说：“这是抓鱼的东西。”小潘接着说：“我发现一个小人。”小郭笑着说：“你看他的表情。”小郭突然发现了封面中树上黄色的东西，指着它说：“这是什么？”小潘看了一会儿，说：“嘻嘻，有点像橘子。”说完，两人相视一笑。小潘突然指着书的左上角说：“我看到了房子。”说完，小潘翻开了绘本。

翻到扉页时，小潘指着上面的字，问坐在旁边的我：“老师，这是什么字啊？”我回答：“黄色的……是蝴蝶。”两人重复了一遍我说的。小郭自言自语地说：“那绿色的是什么？”他翻到了第 1 页，指着页面上的网说：“原来是用来抓蝴蝶的啊！”小潘继续将书往下翻。小郭边看她翻书边问：“是用来抓蝴蝶的吗？”小潘还是没有回答他。当书翻到了第 2 页时，小郭看了一眼，笑着说：“哦，抓到花啦！”小潘继续将书翻到第 3 页。小潘看了一会儿，说：“黄色的，是蝴蝶吗？”说完，就将书翻到了第 4 页。小郭看着第 4 页，大笑着说：“啊哦！抓到的是梨子。”听完，小潘也大笑了起来。就这样，他们两人一起，边翻书边问着：“黄色的，是蝴蝶吗？”问完又立刻往后翻，发现小男孩抓错了东西后，他们哈哈大笑。

看完书以后，我问他们：“小男孩抓到蝴蝶了吗？”小潘回答：“没有。”我继续问：“那他抓到了什么？”小郭边将手放在头上边说：“他抓到了工人叔叔的帽子。”小潘笑着回答：“还有小鸡。”我接着问：“还有吗？”小郭立刻回答说：“还有鸡蛋。”小潘想了一下，说：“还有红绿灯。”说完，她大笑了起来。我接着问：“他为什么会把这些东西认成蝴蝶？”小郭立刻说：“因为它们看起来长得像蝴蝶，所以他就把它们抓住。”

之后，小潘和小郭一起用自问自答的方式，将这本绘本从头到尾重新看了一遍。我问他们：“你们最喜欢这本绘本的哪一页？”小郭将书翻到封面说：“我最喜欢这一页，因为这一页有很多东西，有人、有树、有房子，还有很多东西。”小潘听完，将绘本拿了过去，随机翻开，先翻到第 9 页，看了一下，继续往后翻了一页，指着第 10 页说：“我喜欢这一页，因为这里有吊机，还有工人叔叔的帽子。这个工人的帽子被抓住了。”说完，她哈哈大笑起来。

行为分析：

1. 小潘和小郭都很喜欢这本绘本，享受阅读的过程。他们在阅读的过程中遇到认为有趣的情节，会表现得非常开心。

2. 小潘和小郭看书时能边看边问，并能在书中寻找答案。

3. 小潘和小郭能理解绘本的主要内容。他们会自问自答，如能说出小男孩想要抓蝴蝶，却误抓了小鸡、花、工人的帽子、红绿灯等。

4. 小潘和小郭对画面的观察不够全面。两人只关注小男孩抓住了什么东西，没有观察到镂空页面和非镂空页面同一物体的区别。

解决策略：

1. 要进一步引导幼儿观察并发现镂空页面和非镂空页面中同一物体的区别。

2. 引导幼儿发现页面的提示线索，并猜测情节；把绘本的第3、5、7、9、11、14、16页彩印出来，制作黄色的花、小鸡、帽子、红绿灯等图卡，让幼儿通过配对的方式，发现前一页的画面有提示线索，让幼儿了解页面之间的前后联系。

教师对阅读区幼儿阅读的观察要常态化，深入地了解幼儿的阅读行为。

[案例] 两位教师在聊天，一位说："我们班的孩子最近老是撕书，我天天就在那里补书。"一位说："我们班的孩子不知道为什么最近很喜欢看恐龙的书，我就通知家长多让孩子带恐龙的书放到阅读区，增加阅读区有关恐龙的图书品种和数量。"

第一位教师发现了班级阅读区存在的问题，但是没有深入观察、了解。第二位教师发现了幼儿感兴趣的阅读内容，但对幼儿的具体表现也没有进行观察。在阅读区活动中，一些教师能较为笼统地说出幼儿阅读的情况，但没有细致地观察幼儿的阅读兴趣、阅读方法、观察画面技巧、猜想和表达等，导致对幼儿阅读情况的了解停留在表面。

六、教师的个别指导

建立在观察基础上的教师指导，主要支持幼儿在阅读区中看、讲、编、写画、自制图书及对阅读区规则的遵守。教师的指导内容应全面、介入时机要合适、指导方式需恰当。教师还应为幼儿提供分享交流的机会，为幼儿的阅读提供支持。

（一）指导内容应全面

教师在阅读区活动中的指导应全面，不能只关注某个方面。在实际操作中，有些教师只关注幼儿对阅读区规则的遵守情况，忽视对幼儿阅读能力的指导。阅读区的设置，是要发挥幼儿阅读的主体性，但如果幼儿缺少阅读经验，自然无法对图书的内容作深入理解，对阅读也就无法产生兴趣。

［案例］区域活动开始了，一名幼儿选择了一本图书，随意一翻，自言自语地说“我看好了”，就把翻看的书送回书架，又随意拿了另一本书。随后，他随意翻看了数本图书。教师发现后问他：“你在看什么书呀？”他回答：“有小狗，有小花，有水池……”

该幼儿缺乏阅读经验，不理解图书的内容，也就没有阅读的热情。教师可以根据不同幼儿的阅读水平，开展不同形式的阅读活动，帮助幼儿积累阅读经验，逐步理解图书的内容，然后再逐渐过渡到自主阅读。

一些教师只关注幼儿对活动材料的操作，忽视对幼儿探索兴趣的激发与引导。如大班幼儿在阅读区自制《食物的旅行》图书的活动中，教师不仅需要关注幼儿对图书的理解，而且需要指导幼儿设计图书内容以及了解图书结构、图书装订等知识，还要引导幼儿自制图书并把自制图书的内容大胆地讲给同伴听。

［案例］

大班阅读区自制《食物的旅行》图书的观察记录

晨晨从托盘中拿出小张的黄色彩纸，先画了两条长长的曲线，然后分别在曲线前端画上几个并列的三角形。他在小三角形前面画上一个正方形，并给正方形画上了眼睛、嘴巴、手、脚。晨晨从托盘中拿出另外一张纸，盖在已经画好的那张纸上。拿着笔，他想了快两分钟以后才动手画下一个椭圆形。陈老师看到了以后，问他：“你画的是什么食物去旅行？”他将上面那张纸拿开，用手指着自己画的正方形说：“面包。”陈老师又问他：“面包的第一站到哪里？”他用手指着并列的三角形说：“是嘴巴。”说完，他将纸张按照顺序盖好，拿出了第三张黄色的纸，很快在纸中间画上了一个螺旋形，并且在螺旋形的中间画上了面包小人。“好了！第四张了，终于第四张了。”晨晨边说边拿出一张新的黄色彩纸盖在最上面，很快在纸上画上了像“7”一样的双线条图案，然后在图案的中间画上了面包小人。

画完四张以后，他在托盘里找页码贴纸。在多次拿起放下、拿起放下以后，他说：“为什么老是没有‘1’‘2’‘3’呢？”说完他拿起一张页码贴纸看了一会儿，又放了回去。“晨晨，怎么啦？”陈老师看到他的举动后问他。“我老是找不到‘1’‘2’‘3’。”陈老师提醒他说：“这个‘01’就是‘1’。”听完以后，晨晨将“01”贴在他画的第一张画的左上角，然后按照从下到上的顺序将“02”“03”“04”分别贴在了每一张画的左上角。晨晨将这四张画又从头到尾看了一遍，说：“好了！”陈老师问他：“你的封面呢？”听完，晨晨从托盘里取出一张封面纸盖在自己的画上面，说：“好了，现在可以订起来了。”陈老师看到后提醒他说：“你再整理一下，封面翻开的第1页要看到什么？”听完陈老师的话，晨晨将自己的画从头到尾又看了一遍，然后他将“01”页抽出来放在了封面页的后面，又分别将“02”“03”“04”页放在了后面。他请陈老师帮忙将自己画的画订在一起，并且要求订在封面的最上方。

他将订好的小书从头到尾看了一遍以后，陈老师问他：“你能给我讲讲你画的食物旅行记吗？”晨晨回答说：“我还没想好。”晨晨说完后拿着自己的小书在手上玩了起来。玩了近两分钟之后，陈老师对他说：“你能把你画的故事讲给我听吗？我很想听听你的故事。”说完，陈老师拿起晨晨的小书，指着封面问晨晨：“你画的是什么食物的旅行？”晨晨回答：“是面包的旅行。”陈老师接着问：“食物先是到什么地方？”晨晨回答说：“先到口腔，然后到喉咙，然后再到胃。”晨晨边说边用手指着他画的口腔和喉咙，然后翻到第2页，指着画说：“我忘了画水了。”说完，他拿起画笔在胃的中间画上了一个“十”字的图案，并在胃的周边添画了一些短线。陈老师问他：“短线是什么？”晨晨说：“是胃酸啊。”陈老师接着问：“胃酸有什么作用？”晨晨翻到了第3页，说：“是可以帮助消化的。”陈老师指着第3页问他：“这个画的是什么？”晨晨边用手指绕着这个图案走了一圈，边说：“是小肠，像迷宫一样。”陈老师问：“走完了迷宫，食物又到哪里了？”听到后，晨晨将小书翻到了第4页，说：“大肠。”他边说边用手指绕着大肠走了一遍。陈老师继续追问：“当有用的食物被吸收完了，没用的东西会到哪里去？”晨晨回答：“会走到身体外。”陈老师提示：“你觉得画上什么会让这个更形象些呢？”晨晨回答说：“不用了。”说完，他将小书合了起来。

教师对晨晨的指导很全面，关注到了晨晨对数字“01”和“1”的困惑，指导他编图书页码，引导他补充画面的内容，启发他大胆讲述图书的内容。在整个活动中，教师全面的引导让晨晨顺利完成了图书的自制与讲述，满足了晨晨的需求。

（二）介入时机要合适

由于幼儿在阅读区的活动是自主的，教师对幼儿指导、介入的时机要合适，避免干扰幼儿的探索与思考。教师介入时机需要根据幼儿的实际情况和教师的经验进行判断。以小班幼儿在阅读区阅读《小蛇散步》的活动为例，当幼儿沉浸在阅读中时，教师是旁观者和观察者，并未干扰幼儿的自主阅读；当小天和大米阅读完后，教师通过提问，引导他们提炼书中小蛇乐于助人的主题。

［案例］

小班阅读区幼儿阅读《小蛇散步》的观察记录

小天和大米坐在一起看《小蛇散步》这本书。

小天看着封面说："小蛇散步。"说完，他从绘本的中间往后翻，再翻回第 1、2 页。两人看了一会儿，没有说话。小天翻到了绘本的第 3、4 页，指着中间蓝色的部分说："小蛇看到一摊水，它要喝进去。"说完，他继续翻到绘本的第 5、6 页，指着第 6 页右下角的第四幅小图说："一只蚂蚁爬爬爬。"他边说边用手指在小蛇身上点点点。说完以后，他将绘本翻到了第 7、8 页，边看边用手从左到右将画面扫了一遍，说："很多蚂蚁爬爬爬。"说完，他细看了一下画面，指着蚂蚁，又说了一遍："很多蚂蚁爬爬爬。"他指着蚂蚁旁边的动物说："很多……两个蜗牛慢慢走，三个恐龙快快走，这是……"他看着后面的老鼠停顿了一下。大米脱口而出："这是老鼠。"小天听完，用手指着老鼠说："老鼠老鼠快快走。"

小天继续将书往下翻，看着第 9、10 页说："谢谢！谢谢！谢谢！谢谢！"说完，继续向后翻，看着画面说："大狮子？"大米立刻插话道："大狼吧？"小天说："大狼要跑到小蛇身上，小蛇就要被踩扁了。狮子要到小蛇身上，快把它给压扁了。大象跑到这里呀，它晕过去了。"小天边说边翻，翻到了第 17、18 页，看着第 18 页的四幅小图，说："晕晕地走路，晕晕地走路，闭上眼睛走路，还有眼睛睁着走路。"说完，小天翻到了第 20 页，看着第 20 页说："喝水啦！"接着，他翻到第 21、22 页。这时，大米笑了起来，小天说："'咕噜咕噜'喷水啦，鼻子喷得满满的。"翻到最后一页时，小天说："小蛇再见，拜拜！"翻到封底以后，小天开心地说："这本书就看完了。"

我问他们："你最喜欢这本书的哪一页？"小天说："我最喜欢吸水的、肚子鼓鼓的那一页。"我接着说："你翻开让我看一下吧。"小天随手将书从中间翻开，翻到了大象那页，看了一眼说："我最喜欢大象这一页。"我问："为什么？"小天说："因为大象都快把它踩晕了。"

我接着问大米："大米，你呢？"大米拿过书，从封面开始看。他们两人一起边看边说，将绘本又看了一遍。看完后，我再问大米："大米，你最喜欢哪一页？"大米说："我喜欢喷水那一页。"我接着问："为什么？"大米说："因为我觉得很搞笑。"说完，大米捂着嘴巴笑了起来。我继续问："你们喜欢这只小蛇吗？"大米和小天异口同声地说："喜欢。"我问："为什么？"大米指着小蛇的鼻子说："很搞笑，它鼻子会喷水。"我接着问："小蛇做什么事情让你们喜欢它？"大米想了一会儿，说："因为它帮助别人，它帮助了小蚂蚁。"小天补充说："还有小恐龙（壁虎）。"大米继续补充说："还有小老鼠。"我追问："小蛇是怎么帮助它们的？"小天和大米立刻一起将手往前伸，把背拱起来，趴到桌子上，说："做一个桥。"

（三）指导方式需恰当

在阅读区中，教师的指导方式有朗读、共读、提问、应答、示范等。教师可以根据幼儿的实际情况灵活运用指导方式。如案例"大班阅读区自制《食物的旅行》图书的观察记录"中，教师灵活运用了多种指导方式，通过对幼儿的启发提问（"胃酸有什么作用？"），引导幼儿正确表述；通过对幼儿困惑的应答，帮助幼儿了解图书页码。

在阅读区开展的活动不仅仅是阅读图书，还可以开展创造性的阅读活动，如故事的续编、仿编、创编等，其中游戏阅读的开展最能激发幼儿的兴趣。如"视觉大发现"这套视觉益智书，每一张谜题图都是一幅摄影艺术精品，丰富了幼儿的视觉经验。当大班幼儿熟悉了这套书的内容之后，常规阅读已不能吸引幼儿参与，教师与幼儿共同设计了闯关游戏"我是大侦探"，让幼儿通过闯关卡的提示，完成各种找寻任务，体验发现的乐趣和顿悟的惊喜，充分感受阅读的趣味。

教师要根据不同图书的情况进行指导，注意"动""静"结合，丰富幼儿的阅读经验，提高幼儿的阅读能力，培养幼儿良好的阅读习惯。

七、活动结束后的分享交流

阅读区的分享环节是对幼儿游戏情况的归纳、总结，在与幼儿分享的过程中可以将幼儿的个人经验转化成全体幼儿的集体经验，还能激起其他幼儿的活动兴趣，让更多的幼儿喜欢阅读区活动，促进全体幼儿的发展。如大班幼儿在阅读区阅读《蚯蚓的日记》后的分享交流环节，教师通过展示个别幼儿的记录结果，分享阅读心得，将幼儿的经验进一步提升，让幼儿对“日记”有更浓厚的兴趣，为下一次的活动奠定基础。如何做好阅读区活动后的分享交流，教师需关注以下几点。

（一）分享交流需建立在观察的基础上

阅读区活动的分享交流需建立在教师观察的基础上。教师的分享交流不能凭经验、感觉而定，而需要通过观察幼儿的实际情况，客观、真实地了解幼儿的语言、表情、交往等，以便提取幼儿的经验，并将幼儿个人经验转化成集体经验。教师在分享交流中，也能了解到阅读区活动存在的问题，这有助于教师调整指导策略，推进阅读区活动的开展。

（二）分享交流的内容要有针对性

阅读区活动分享环节所分享交流的内容要有针对性，不能泛泛而谈。教师可以就幼儿自主阅读的情况、与材料的互动情况、与同伴间的互动情况或对阅读区规则的遵守情况进行具体分享交流，不必因面面俱到而导致轻重不分，使分享的有效性大打折扣。如大班幼儿在阅读区阅读《蚯蚓的日记》后的分享环节，教师重点引导个别幼儿介绍自己填写的阅读记录卡，分享自己的阅读心得，从而激发其他幼儿的阅读兴趣。

（三）分享交流时教师的提问要经过设计

在阅读区活动的分享环节，教师的提问需要经过设计，不可随口就说。

好的提问可以激发幼儿的阅读兴趣，启发幼儿的思维，调动幼儿的积极性。一次成功的阅读区分享交流，离不开教师恰当、合理、艺术、开放的提问设计。

（四）分享交流要能激发幼儿的主动性

阅读区活动的分享交流要能激发幼儿的主动性。教师只有聚焦于幼儿感兴趣的问题，才能引发幼儿积极的交流与互动；只有让幼儿体会阅读的成就感，才能激发幼儿再阅读的意愿，保持幼儿阅读的兴趣。

第六章　亲子阅读活动的指导策略

一般情况下，人们习惯将幼儿园亲子阅读活动分为严密型和松散型两种。严密型亲子阅读活动就是在特定的时间和空间里，以教师为主导，有目的、有计划地开展的亲子阅读活动。松散型亲子阅读活动则是家长和孩子在入园和接园的时间里、在幼儿园图书馆或阅览室等进行的阅读活动。

谈及早期亲子阅读，家长们常常把它同“看图讲述”或者是“识字教育”画等号，简单地将亲子阅读当作教幼儿识字，或过早强调将幼儿的阅读作为幼儿获取信息和知识的主要工具。这是家长们对早期阅读活动认知的误区。

在亲子阅读过程中，家长们对自己应该做什么、怎么做存在许多疑惑，缺乏有效的指导策略。许多家长所谓的亲子共读就是以家长问、幼儿答的形式展开的，这样易导致幼儿对亲子阅读失去兴趣。

亲子阅读，有家长的存在，并不意味着教师可以“缺席”。教师在亲子阅读活动中，仍然应发挥应有的作用，对家长和幼儿的阅读给予适宜的指导。

一、严密型亲子阅读活动的指导策略

（一）选择适合亲子共同阅读的图书

寻找合适的亲子阅读图书，能为亲子阅读活动的有效开展打下坚实的基础。图书是亲子阅读的媒介，因此，不论是由教师还是由家长主导的亲子阅读活动内容的选择，都应当以《纲要》中的语言领域目标以及《指南》中语言领域指出的幼儿学习与发展最基本、最重要的内容为依据。

1. 促进亲子关系和谐发展

能够有效实现教学目标的图书，对幼儿的发展才有真正的价值。在亲子阅读活动之前，教师可以基于日常生活中亲子相处易出现的一些问题选择图书，旨在通过亲子阅读活动帮助家长探寻有效的家庭教育策略。

[案例] 小班亲子阅读《大卫，不可以》的活动中，教师结合小班幼儿活泼、好动、好模仿的年龄特征，从图书形象生动的画面出发，让家长和幼儿在共读中还原日常生活中亲子共处的常见模式，即好动、调皮、爱冒险且不听话的小孩总会有一些天不怕地不怕的举动，其张牙舞爪的捣蛋行为和还没学会走就想跑的叛逆等，往往会让家长烦躁不已，从而发出“大卫，不可以”般的吼叫。在亲子充分阅读图书内容的基础上，教师引导亲子回归生活，共同探讨了解决这些小矛盾的有效办法和亲子沟通的策略等。

2. 符合幼儿的兴趣

兴趣是幼儿学习的最大动力。有了兴趣，幼儿就有了主动参与活动的愿望和积极性，因此幼儿园教育活动内容的选择必须考虑幼儿的兴趣。

[案例] 大班幼儿对《猜猜我有多爱你》的绘本非常感兴趣。绘本中生动可爱的小兔子和大兔子深受幼儿喜爱。小兔子该上床睡觉了，可是它紧紧抓着大兔子的长耳朵不放，对大兔子说：“猜猜我有多爱你。”大兔子的回答是猜不出来。小兔子的机灵调皮和大班幼儿极为相似。幼儿对书中大、小兔子之间的对话感兴趣。教师便顺应幼儿的兴趣，选择《猜猜我有多爱你》作为大班亲子阅读活动的材料，充分调动了幼儿参与亲子阅读活动的积极性。

《猜猜我有多爱你》内文画面

3. 贴近幼儿的发展水平

幼儿亲子阅读活动材料的选择，要从幼儿的生活经验和实际发展水平出发，让幼儿在原有经验的基础上获得发展。

［案例］大班幼儿乐于将自己的所见所闻和同伴分享交流，但是在没有记录的情况下往往只能零碎地讲述。教师根据幼儿的实际情况，选择了绘本《蚯蚓的日记》作为大班亲子阅读活动的材料。活动中，亲子共同阅读了蚯蚓的特殊日记，并综合运用观察、猜测和讨论等方法理解图书中蚯蚓在不同时间发生的事情，在蚯蚓的日记中感受到了蚯蚓的情绪变化。日记的方式非常贴近幼儿的发展水平，在家长的引导下幼儿了解了日记的基本表现形式，知道了日期是日记的重要组成部分。大班幼儿已经具有一定的前书写能力，且有通过写写、画画来表达自己或者是记录的想法。活动后，教师鼓励家长注意从幼儿的现有记录水平出发，引导幼儿在日常生活中尝试运用绘画形式来写日记，并大胆而连贯地讲述所写日记的内容。

（二）增设指向家长行为的活动目标

在严密型亲子阅读活动中，目标的设定应当以幼儿为主体，并兼顾家长参与的有效性，一般情况下要考虑全面性、具体性和一致性。全面性主要是考虑亲子的认知、情感目标，具体性体现在可操作性上，一致性要体现阅读领域的核心经验。例如，中班亲子阅读《端午节》活动的目标为：

1. 能初步了解端午节的风俗，理解并能清楚地讲述图书的内容。

2. 家长与幼儿共读，理解“挂”“缠”“系”等词语的意义。

3. 感受亲子阅读的乐趣，进而喜欢亲子阅读活动。

目标“1”从知识和技能的角度出发，吻合《指南》提出的5～6岁幼儿“能说出所阅读的幼儿文学作品的主要内容”的目标，反映的正是对幼儿阅读、理解的合理期望。目标“2”关注了语言领域中词汇的学习，而且关注了家长的共读。目标“3”从情感的角度出发，让家长与幼儿感受亲子阅读的快乐。三条目标体现了全面性、具体性和一致性。

（三）做好活动前的家园沟通

1. 发放通知

发放通知是家园沟通中便捷、有效的方法。教师可以将信息整理好，快速地发放到家长手中。

［案例］教师准备在中班开展亲子阅读《我爸爸》的活动，邀请参加的对象是每个幼儿的爸爸。可是很多幼儿的爸爸平时工作很忙，对幼儿在园的生活又相对陌生，因此，活动前教师根据活动内容向他们发放了通知。

尊敬的×××爸爸：

首先感谢您在百忙之中报名参加亲子阅读《我爸爸》活动，为了顺利地开展活动，请您配合做好以下准备工作。

<table>
<tr><td>活动内容</td><td>亲子阅读《我爸爸》</td><td>活动时间</td><td>12月19日（周三）9：30</td></tr>
<tr><td colspan="4">请您合作</td></tr>
<tr><td colspan="2">活动之前您需准备的事项</td><td colspan="2">活动当天您需做的事项</td></tr>
<tr><td colspan="2">1. 为了给您的宝宝惊喜，您周三来园参加活动的事情请对您的宝宝保密。
2. 本次活动目标是要让孩子感受爸爸的爱，因此还需要提供一张生活中您陪孩子玩乐（如运动、游戏等）的相片。
3. 活动过程中，需要您的宝宝大胆向大家介绍您的工作，所以请您在活动之前多和孩子交流，初步帮助孩子了解您的工作。
4. 为了让其他孩子能直观地初步了解您的工作，请提供一张能看出您职业身份特点的照片并在15日之前发给教师。同时，请您准备好活动当天用具体、生动的语言简短讲述您职业特点的材料。</td><td colspan="2">1. 请您穿着方便活动的服装准时到场，会有专门的教师带领您候场并参与活动。
2. 当天您是主角，不是旁观者，所以请您按照活动流程积极与教师、幼儿和其他家长交流互动，相信您会以身作则，大方表现。
3. 本次活动时间大约半小时，所以请您在介绍自己的职业特点时尽量简短、生动、有趣。
4. 因为您的到场，幼儿的情绪可能有所波动，请您谅解。
5. 活动结束后记得留影并填写反馈意见。</td></tr>
</table>

2. 沟通交流

发出通知后，教师可以提前与家长交流，关注家长参与亲子活动的心理状态。教师应考虑到家长在众人面前紧张的心理，可以在活动前与家长们热情地打招呼、简短地聊一聊，帮助家长们相互熟悉以缓解他们的紧张情绪，同时丰富他们的相关经验，增强其参与亲子活动的自信心。

[案例] 在大班亲子阅读《我妈妈》活动开展之前，教师让参与活动的家长先构思并尝试用肢体动作和幽默的语言来展示自己不一样的本领。由于平时忙于工作和照顾家庭的妈妈们较为含蓄，想不出合适的动作和语言，教师就提供自己搜集的一些图片供她们参考。家长们在教师的启发下，在家中尝试用肢体变化出各种造型，为活动的开展做好了准备。

提前交流时，教师要和家长确定合作的方法和形式。一个精彩的亲子阅读活动离不开精心的准备，活动前不仅要做好相应的环境和物质准备，还要根据活动需要向家长介绍活动概况或部分活动流程，和家长确定活动中家园合作的形式和方法，让家长们明确在活动中所承担的任务，如家长应该怎样为幼儿提供适宜的指导、什么时候该让幼儿自己阅读等。这些都需要教师在活动前和家长达成共识。只有融洽的亲子互动和适宜的家园合作，才能保证幼儿园亲子阅读活动的有效开展。

（四）把握亲子共读的指导策略

1. 发挥家长作用

亲子阅读教学活动由于有家长的参与，活动的组织与实施就应当充分发挥家长的作用。活动环节的安排要合理，教师要合理安排在活动中何时引起幼儿的兴趣、何时让家长参与指导等。活动中家长的作用包括帮助幼儿理解图书的重难点、梳理和完善幼儿所表达的内容等。

[案例] 小班亲子阅读《爸爸的秘密》的活动开始后，教师以谈话形式导入，鼓励幼儿说一说是爸爸好还是妈妈好，并说出原因。第二环节的内容是引导幼儿阅读图书的前半部分，鼓励幼儿大胆讲述。第三环节的内容则是亲

子共读图书的后半部分，爸爸们依次展示“爸爸的秘密”，帮助幼儿理解“秘密”的含义这一重点。第四环节的内容是开展亲子游戏“取礼物”，体验爸爸的力量。第五环节，教师在快乐的氛围中小结，幼儿在爸爸的引导下说出爸爸的独特之处。

亲子阅读活动的过程中，教师需要帮助家长明确活动的目标，灵活运用观察、谈话和游戏等方法，让家长在活动中充分发挥各自的作用。

[案例] 中班亲子阅读《逃家小兔》的活动开始后，教师采用情境导入的方式，将幼儿与家长带入一个生动感人的情境中，在亲子共读后发挥家长作用，鼓励幼儿与家长合作仿编“如果……就……”的对话句式，相互表达彼此的爱，促进亲子间的情感交流。

2. 关注亲子互动

亲子阅读活动中，家长常有“着急”的心理，唯恐自己的孩子做得不够好、不够完美，于是总想帮幼儿甚至“包办代替”，无形中剥夺了幼儿想象与表达的空间，使幼儿错失了锻炼机会。因此，教师要密切关注活动中家长与幼儿之间的互动情况，让家长放手，从“授人以鱼”转变为“授人以渔”，提升亲子互动的有效性。

[案例] 大班亲子阅读《蚯蚓的日记》的活动中，教师引导幼儿与家长自主阅读图书并填写阅读记录卡，并提出了要求：幼儿先记一记日记中某天的日期和蚯蚓那天的心情，然后说一说或者和爸爸妈妈一起表演日记里那天的故事。园园的妈妈看到园园记录不完整时，着急着要亲自为她记录，代替她来做日记单。这时，教师走过去亲切地问：“园园，你和妈妈谁是记日记的人呢？日记是要自己写、自己记录的才真实哦。”说着，教师和忙着准备做记录的妈妈用眼神进行了交流。妈妈明白了教师的意思，试着启发园园大胆用自己熟悉的符号和数字进行记录。

有时教师可以用图表的形式将要指导的内容打印出来，让家长清楚明了。如在大班亲子阅读《端午节》活动中，教师将阅读活动中的观察、提问等要点梳理出来，让家长在共读过程中按照图表有目的地和幼儿进行互动。

［案例］

亲子阅读《端午节》活动记录表

时间：	幼儿姓名：
阅读导读（供参考）	幼儿记录（请家长协助）
 1. （先读文字）读完后提问：这句话是什么意思？告诉幼儿“五月五”指的是农历的五月初五。 2. 引导幼儿猜猜图中的小姑娘要做什么。	
 1. 小姑娘在做什么？ 2. 为什么要吃粽子？ 3. 妈妈在做什么？为什么要挂香蒲？（只要告诉幼儿是为了纪念某个人、防病作用即可）	

续表

<table>
<tr><td>时间：</td><td>幼儿姓名：</td></tr>
<tr><td>阅读导读（供参考）</td><td>幼儿记录（请家长协助）</td></tr>
<tr><td>
五色线，手上缠；
3

1. 妈妈在给小姑娘做什么？
2. 为什么要给幼儿缠五色线呢？（戴五色线的寓意是可以避开蛇蝎毒虫的伤害，扔进河里意味着让河水将瘟疫、疾病冲走，保平安、健康）</td><td></td></tr>
<tr><td>
五彩香包系腰间。
4

1. 小姑娘的腰间多了什么？
2. 为什么要系香包在腰间？（香包有避邪、驱瘟疫之意）</td><td></td></tr>
</table>

续表

<table>
<tr><td>时间：</td><td>幼儿姓名：</td></tr>
<tr><td>阅读导读（供参考）</td><td>幼儿记录（请家长协助）</td></tr>
<tr><td>

1. 妈妈和小姑娘要去看什么？
2. 告诉幼儿一些赛龙舟的基本知识。
</td><td></td></tr>
</table>

3. 引发情感共鸣

开展亲子阅读活动的目的之一是促进亲子关系和谐发展，所以以亲子之间的常见矛盾以及亲子间情感表达为主题的图书常常作为亲子阅读教学活动的载体。因此，教师在亲子阅读教学活动中要注重结合图书内容引发亲子的情感共鸣，从而真正实现活动的价值。

［案例］ 中班亲子阅读《逃家小兔》的活动中，教师请幼儿和妈妈们说说自己的读后感。幼儿纷纷表示看完书后很感动。当教师追问幼儿："被书中的谁感动了？"幼儿都说被兔妈妈感动了。他们有的说："兔妈妈不怕从山上摔

下来的危险去寻找小兔子，让我很感动。”有的说：“兔妈妈走那么高的钢丝还担心小兔，让我很感动。”还有的说：“兔妈妈用胡萝卜钓小兔，让我很感动。”从幼儿的回答可以看出，他们感受到了图书中兔妈妈的良苦用心。妈妈们说的读后感更让人为之动容：有的妈妈在现场说出自己对幼儿的期望和深厚的爱；有的妈妈说母爱是永远都不会让幼儿逃跑，妈妈的爱是给幼儿宽广的自由和爱；有的妈妈说会永远和幼儿在一起，哪怕是幼儿以后会离开家，离开妈妈，但是妈妈的心永远和幼儿在一起……这些发自幼儿和妈妈肺腑的语言让教师感动不已。

（五）收集活动后的家长反馈

1. 发放问卷调查

通过发放问卷进行调查，可以了解家长的一些真实想法。如在小班开展亲子阅读《爸爸的秘密》活动之后，为了了解本班家长关于参加亲子阅读活动的态度及教育理念，教师发放了问卷调查。

［案例］

亲子阅读活动问卷调查表

亲爱的家长：

您好！

感谢您对开展亲子阅读活动的支持，也谢谢您抽空参与这次亲子阅读《爸爸的秘密》的活动。为了与您更密切地合作，提升参与活动的有效性，请您根据这份问卷作答，并提出宝贵意见。谢谢您！

本问卷作为教育研究之用，答案并无好坏，为保证问卷的真实有效，请您根据您的实际情况在以下（　　）内选择合适的答案。

1. 对于幼儿园开展亲子阅读活动，您觉得（　　）。

A. 不好　　　　B. 无所谓　　　　C. 很好

2. 您在参与活动的过程中感受（　　）。

A. 较差　　　　B. 一般　　　　C. 良好

3. 您参与活动，幼儿的表现是（　　）。

A. 不喜欢爸爸参与　　B. 爸爸是否参与无所谓　　C. 喜欢爸爸参与

4. 因为您参与亲子活动，幼儿变得（　　）。

A. 特别依恋　　　　B. 与平常一样

C. 特别兴奋，注意力不集中　　　　D. 比平常自信大方，乐于表现

5. 教师在活动前介绍活动的目的、意义（　　）。

A. 没有必要　　B. 无所谓　　C. 很有意义

6. 教师向您阐述在活动中需要家长配合及注意事项等内容（　　）。

A. 对您没有任何指导意义　　B. 无所谓　　C. 帮助很大

7. 通过参加活动，您觉得自己在活动中属于（　　）。(此题可多选)

A. 旁观者　　B. 不起眼的小配角　　C. 指导者（指导幼儿）

D. 合作者(与幼儿合作)　　E. 学习者(向教师学习)　　F. 帮助者（帮助幼儿）

G. 评价者（评价活动）　　H. 干扰者　　I. 其他：＿＿＿＿＿＿

8. 活动开展过程中，教师对您的指导语（　　）。

A. 听不懂　　B. 不够明确　　C. 通俗易懂

9. 活动中要求让家长与幼儿共同商讨用不同的动作和语言来展示爸爸与众不同的本领，您是怎么做的呢？（　　）

A. 让幼儿听从自己的指挥与安排

B. 只是陪着幼儿，幼儿怎么说，就跟着怎么做

C. 相互讨论后，共同合作完成展示活动

10. 本次亲子阅读活动给您最大的体会是：＿＿＿＿＿＿＿＿＿＿＿＿。

11. 您对今后教师继续邀请您参与此类型的亲子阅读活动的态度是（　　）。

A. 还是算了，影响工作　　B. 无所谓　　C. 积极参与

(如果选 C，请继续作答 12 题；如果不选 C，请跳过 12 题。)

12. 您参加亲子阅读活动的目的是（　　）。(此题可多选)

A. 关注自己孩子的发展情况

B. 与其他孩子比较，寻找差距

C. 有一个平台让自己与孩子感受亲子温情

D. 了解孩子在活动中如何学习

F. 学习科学的亲子教育方法，改变自己的育儿观念，提高自己的育儿水平

13. 如果教师要求爷爷奶奶也来参与幼儿园里的一些活动，您觉得（　　）。

A. 老人参加就免了吧　　B. 到时再说了

C. 意义不大　　D. 是一个提升老人育儿观念的良好机会

再次感谢您的填写！

××幼儿园

2. 组织分享交流

随着幼儿园组织亲子阅读活动次数的增加，家长对于活动的体会愈发深刻，家长之间的交流更加密切。亲子阅读活动结束后，教师可以采取与家长交流或以填写意见反馈表的形式，向家长了解对活动的建议与意见，评价本次活动的内容安排是否合适、幼儿表现及发展状况如何等，及时调整后续活动，切实提升亲子阅读活动的有效性。

［案例］大班亲子阅读《蚯蚓的日记》的活动结束后，教师组织部分家长召开了交流会，请家长们各抒己见。一个爸爸说："我很荣幸参加亲子阅读活动，因为我的参加，我的孩子非常开心和快乐。活动结束后，我的孩子不仅喜欢阅读而且爱上了写日记，所以我因势利导，让他每天'画'日记。到今天为止，他已经写了五天了。我相信这学期结束后，他会记录出一整本的日记，并养成写日记的好习惯。"

二、松散型亲子阅读活动的指导策略

（一）创设宽松、温馨的阅读环境

在松散型亲子阅读活动中，阅读环境的创设与亲子阅读的有效性有着密切的关系。阅读环境的互动性和适宜性直接影响着亲子的阅读兴趣、阅读能力和有效阅读的持续时间。教师应当以促进亲子愉快地阅读和学习为出发点，关注每对亲子的阅读需求，注重营造多元化的阅读氛围，发挥环境的教育作用，满足亲子阅读和幼儿发展的需要，让亲子在温馨且宽松的阅读环境中自主阅读、快乐阅读。

教师在创设阅读环境的过程中要以亲子的兴趣为基础，结合幼儿的年龄特征和家长的阅读水平，选择明亮、安静的位置作为阅读区域。此外，教师要注重营造宽松适宜的阅读氛围，如铺上色泽柔和的地垫或地毯、增添一些干净可爱的抱枕或坐垫、合理安放适合幼儿高度的小桌椅、分类摆放可以随时取放的图书等。

幼儿园阅读环境的创设除了体现在图书馆、阅读吧和阅读区这些显而易见的地方以外，还应当渗透在幼儿园的一些角落，如楼梯的墙面可以绘制、悬挂一些精美的图书封面或者亲子自制图书，在楼梯的转角可放置小书架，书架上的书可以供幼儿和家长驻足阅读；在种植园地旁可以开辟一面和蔬菜、水果有关的图书展示区，让亲子在阅读的过程中体验种植的乐趣。

（二）制订亲子阅读活动的规则

在松散型亲子阅读活动中，阅读规则的制订尤为重要。家长和幼儿对规则的积极遵守能保证亲子阅读活动的高效开展。教师应和家长、幼儿一起制订浅显易懂的阅读规则，并用图文并茂的形式呈现，以帮助家长和幼儿建立规则意识，使活动有序进行。

松散型亲子阅读活动的规则，可结合图书馆、阅读吧和班级阅读区的实际情况来制订。

1. 借阅规则

幼儿园图书馆面向全园教师、家长和幼儿开放，可由大班幼儿自主轮流充当管理员。管理员需负责分类摆放图书、修补破旧的图书、进行还借书的登记、向借书者介绍图书等。规则中应规定每周固定的借书和还书时间，每本书的借阅时间也应有一定的规定，以提升每一本图书的阅读率。

[案例]

图书馆借阅规则（示例）

1. 我园师幼均可凭借阅证在本馆借阅图书资料。借阅证只限本人使用，不得转借他人或让他人代借图书。

2. 本馆对全园师幼实行全面开架借阅。读者进入外借书库时，出示借阅证，除纸、笔外，一律不得携带诸如书包、书籍等物品。读者在书架上取阅图书时，拿下一本书阅毕不借须把书插回原处，不能随便乱放；不得擅自藏匿图书，需借书籍，须交图书馆工作人员办理外借手续，不得擅自拿走。

3. 维护馆内清洁卫生，不准吸烟，不得随地吐痰和乱扔纸屑、杂物；保持馆内肃静，不得高声喧哗、吵闹。

4. 借阅册数、期限：全园师幼分为教职工读者和幼儿读者两种类型，借阅册数和期限按读者类型不同有所区分。教职工读者最高借阅量为 10 本，最长期限 1 个月；幼儿读者最高借阅量为 3 本，最长期限 2 周。借阅期限若跨越寒（暑）假，在假期里到期的图书可顺延至开学归还，但必须在第一周内还清。

5. 读者办理借阅手续时，先将图书交到管理人员手上办理借阅，再到柜台外面领取，最后检查所借图书，如发现有涂污、批注、撕页、剪挖、破损等情况，则应对工作人员说明，作上标记。否则，图书一经借出，一切责任由读者承担。

2. 阅读规则

教师可以利用图文结合的方式在图书馆或阅览室张贴阅读规则，引导家长和幼儿养成良好的阅读习惯、形成良好的阅读秩序。教师还可以利用平时与家长的交流，注意提示家长和幼儿轻声阅读、轻轻翻书和有序摆放等。

（三）多途径地收集图书

幼儿园的图书来源主要有：一是由园部根据幼儿的年龄特征、发展水平和兴趣需要进行选择，统一购买；二是通过和外界大型少儿图书馆合作，作为图书流动站之一，定期从大型图书馆借入图书；三是由家长和幼儿从家庭阅读的图书中选择适合的图书存放在图书馆里，轮流借阅。

（四）投放各种类型的图书

图书是亲子阅读活动的载体，其质量的好坏与亲子阅读的有效性密切相关。教师可以选择幼儿喜爱且家长感兴趣的、画面生动且内容健康的图书作为亲子阅读的材料。教师选择和投放图书，具体要做到：第一，主题多元化。幼儿生活习惯的培养和社会性的发展、自然科学和奇幻探险等不同主题的图书都可投放，满足不同亲子的喜好。第二，形式多样化。选择并投放的图书既可以是正规出版的图书，也可以是教师和幼儿自制的图书、亲子共同制作的图书以及幼儿自制的图书等。

此外，图书要根据实际需要定期更换，以不断激发亲子阅读的兴趣。教师要密切关注亲子阅读兴趣和幼儿的发展水平，及时更换图书，以保持亲子阅读的持续和有效。

第七章　自制图书活动的指导策略

幼儿自制图书是幼儿园开展早期阅读活动的主要内容之一。幼儿自制图书活动能促进幼儿对图书结构的了解，激发幼儿将自身的体验和感受结合其特有的想象力，通过图书的形式呈现；能引导幼儿使用规范的句式，将口头语言转化为书面语言，提高幼儿的语言表达及应用能力；能在构图、配色、布局等图书画面设计中提升幼儿感受美、表现美的能力。幼儿自制的图书能从侧面折射出幼儿的阅读经验和生活体验。

幼儿自制图书，可以是个体制作，也可以是合作制作。制作过程包括主题选取、画面制作、语言设计和装订图书四个步骤。

一、自制图书的主题来源

幼儿自制图书的主题，可以来源于教学活动中幼儿感兴趣的内容，也可以来源于幼儿的生活。

（一）来源于教学活动

幼儿园的教学活动，一般分为领域活动和主题活动，是幼儿自制图书主题的来源之一。

语言领域早期阅读活动中优质的绘本能激发幼儿的想象和创造，引发其自制图书的愿望；儿童诗歌和故事中朗朗上口的语言节奏和生动的情节描述，为幼儿自制图书提供了良好的书面语言示范。此外，健康领域活动中的生活习惯、体育运动、心理状态，社会领域活动中的社会交往、行为准则、情感表达，科学领域活动中的自然现象、科学探索、数学启蒙，艺术领域活动中动听的韵律、优美的舞蹈、丰富的美术作品等，都能有效启发幼儿自制图书的灵感，激发幼儿制作图书的愿望，成为幼儿自制图书主题的来源。

[案例] 幼儿自制图书《找春天》的创意就源自歌曲《春天在哪里》。在歌曲的基础上，幼儿创编了“春天在哪里？春天在春雨的沙沙声里”“春天在哪里？春天在柳树的头发里”“春天在哪里？春天在桃花的笑脸里”“春天在哪里？春天在燕子的翅膀里”“春天在哪里？春天在高高的风筝里”……这些富有情趣的语言，生动再现了幼儿的想法和创意。

《找春天》画面一

《找春天》画面二

《找春天》画面三

《找春天》画面四

《找春天》画面五

金教鞭

幼儿园开展的主题活动，内容贴近幼儿生活，能充分激发幼儿的学习兴趣、引发幼儿自主探索，展现了幼儿主动学习和不断构建新经验的过程。主题活动中有很多精彩的探究活动，值得用图书的形式进行记录和再现。

［案例］在开展“我爱福州”的主题活动中，幼儿制作了图书《欢迎来福州》，展现了闽江、三坊七巷、榕树、温泉等极具福州特色的事物。“我的家在福州，这里有美丽的闽江”“这里有悠久的古街三坊七巷”“这里有翠绿的大榕树”……书中图文并茂地展现了一幅幅美丽的福州之景，表达了幼儿爱家乡、爱福州的情感。

《欢迎来福州》画面一

《欢迎来福州》画面二

《欢迎来福州》画面三

《欢迎来福州》画面四

《欢迎来福州》画面五

《欢迎来福州》画面六

（二）来源于幼儿的生活

1. 家庭生活

幼儿最直接的生活体验很多来自于家庭。家庭生活中有趣的亲子游戏、家人间的亲情对话、美好的亲子游回忆等，都是幼儿自制图书的良好素材。

[案例] 幼儿自制图书《我不想长大》展现的是一名幼儿对长大的思考，在童言稚语中渗透了亲子之间浓浓的爱。自制图书将这些温馨的话语永远保留，成为幼儿长大后宝贵的回忆。

《我不想长大》画面一

《我不想长大》画面二

《我不想长大》画面三

《我不想长大》画面四

《我不想长大》画面五

2. 幼儿园生活

幼儿园的生活活动和游戏活动，也是幼儿自制图书主题的重要来源之一。同伴间的交往趣事、师幼间的情感互动、游戏时的快乐感受、外出游玩时的精彩瞬间等，都能激发幼儿用自制图书的方式记录属于自己的生活。

[案例] 幼儿自制图书《春游》，讲述了幼儿春游时玩拓展游戏、看蜂房中的蜜蜂、采摘桑葚、放风筝等游玩的经历，真实生动地展示了愉快的春游过程。

《春游》画面一

《春游》画面二

《春游》画面三

《春游》画面四

《春游》画面五

（三）来源于幼儿的兴趣

幼儿的兴趣展现了幼儿个体的天性和喜好，如幼儿喜欢的事物、喜爱的动画人物、乐于参与的活动等。自制图书活动，为幼儿提供展示其兴趣的平台。教师可以鼓励幼儿通过自制图书和大家分享自己的喜好，展现自己的个性。

［案例］幼儿自制图书《我的梦想》是一本表达幼儿个人梦想的图书。书中幼儿表达了自己对孙悟空、奥特曼、蜘蛛侠等动画人物的喜爱，并期待自己长大后也能成为心中喜爱的人物。图书中角色形象生动，语言描述充满童真与童趣。

《我的梦想》画面一

《我的梦想》画面二

《我的梦想》画面三

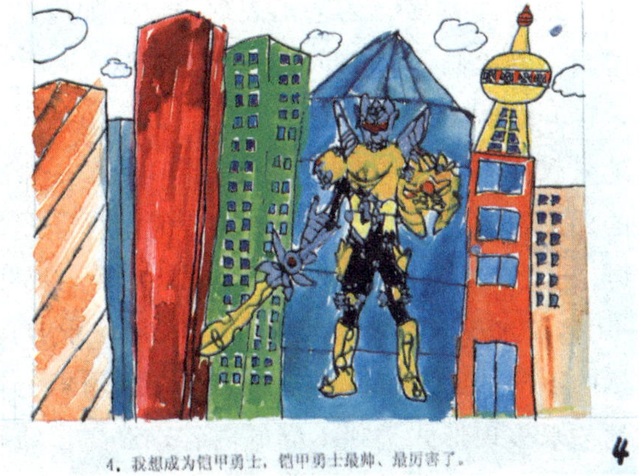

《我的梦想》画面四

《我的梦想》画面五

二、自制图书的画面制作

画面制作，是幼儿自制图书中重要的一个环节。幼儿自制图书的画面不在于是否精美，而在于是否恰当地诠释了图书的主题。

（一）运用多元的艺术形式表现画面

幼儿自制图书活动中，最普通和常用的艺术表现形式是绘画。除此之外，教师可以鼓励幼儿采取更丰富多元的艺术表现手段，如版画、剪纸画、拓印画、布贴画、水墨画、黏土画等。多元的画面表现形式，可以让自制图书的画面更具艺术性，提升幼儿感受美和表现美的能力。如我园幼儿根据自制图书的内容，灵活地采取艺术表现形式：《毛毛虫和蝴蝶》，用版画的形式来表现毛毛虫和蝴蝶的外形轮廓；《十二生肖》，所有的生肖图像都采用中国传统的剪纸来展现；《叶子变变变》，采用树叶拓印的方式来表现叶子的百变造型；《我喜欢吃啥?》，用传统水墨画呈现小动物的形象；《快乐的石头》，使用水粉画的形式呈现自然的不同景象；《我眼中的四季》，利用彩色黏土粘贴出图书的画面……不同的艺术表现形式呈现不同的内容，提高了幼儿的审美能力和创造力。

《快乐的石头》封面

《小青蛙喜欢吃虫子》封面

《我眼中的四季》封面

（二）选择适宜的材料制作画面

纸张是自制图书画面最主要的材料，如硬卡纸、餐巾纸、牛皮纸、宣纸、蜡光纸等。生活中的很多材料也可以用来制作自制图书的画面，如夹子、黏土、不织布、台历、小磁铁等。教师应指导幼儿根据图书的内容，选择适当的材料：《我是小小拼搭设计师》，教师引导幼儿通过剪裁卡纸表现各种拼搭成品，纸质较硬的卡纸可将书中拼搭的作品更好地呈现出来；《变形小夹子》，生活中常用的夹子成了自制图书的制作材料；《嘟嘟学琴记》的主角狮子可以用牛皮纸制作，牛皮纸的特点更能凸显狮子的外形特征；《幸福树》的主角是一棵树，使用不织布的材料更便于展示大树的不同姿态，让绘本更加有质感；《纸巾去哪儿了》的主题就是纸巾大变身，纸巾的柔软性和吸水性使普通的生活纸巾成了图书制作的主要材料。

《嘟嘟学琴记》封面

《幸福树》内文画面

《我是小小拼搭设计师》封面

《变形刺猬　快乐一家》封面

（三）注意图书结构的完整性

一本图书的基本结构包括封面、封底、页码等。封面应呈现图书的主体内容、图书名称和图书作者。封底可呈现制作的时间以及虚拟的图书条形码、图书价格、图书中的主要角色等。

此外，幼儿自制的图书可以增加环衬、扉页部分。环衬可呈现该图书的设计意图，让读者了解该图书的主题来源和作者的想法，引发读者的阅读兴趣。如在某幼儿自制图书《我的爸爸》中，她在环衬中表达了“爸爸爱我，我爱爸爸”的美好情感，让读者明白这是女儿特意为爸爸制作的一本图书。

《我的爸爸》封面

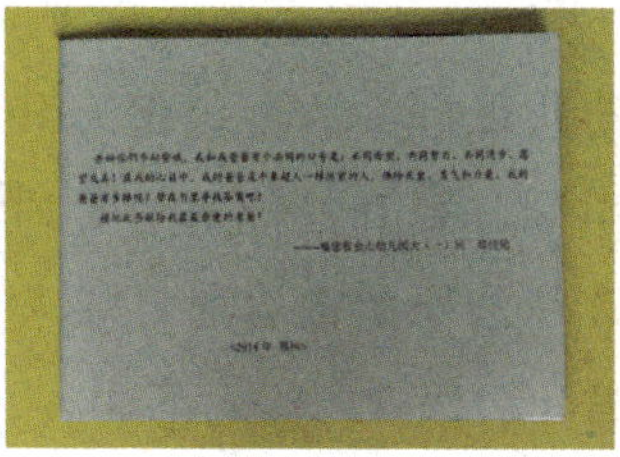

《我的爸爸》环衬

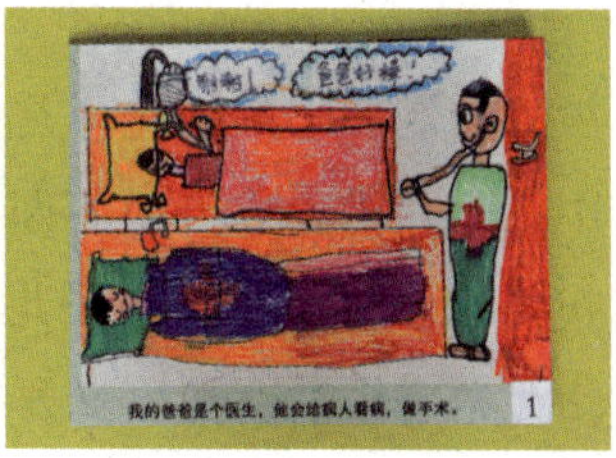

《我的爸爸》画面一

三、自制图书的语言设计

幼儿自制的图书有其特殊性，它无法像成人书籍那样具有高度的文字概括性和纯粹的书面语言表达。幼儿自制图书中的语言，既可以是文字，也可以是幼儿使用的表意符号，体现的是幼儿的真实想法及其年龄段特有的语言表达方式。

（一）鼓励幼儿用语言表达图书内容

教师应创设宽松、融洽的氛围，与幼儿共同讨论、交流，鼓励幼儿大胆创编图书的文字、符号，并进行详尽、客观的记录，保留幼儿原始语言中的童真和稚趣。幼儿在表述绘本内容时，其逻辑顺序和时空顺序时常不够严谨，因此，教师可通过图谱、图表等方式帮助幼儿梳理其叙述顺序，让绘本的语言表达更为适宜。幼儿自制《我是美少女》图书的过程中，幼儿描述的是自己的爱好，其表述的内容为：我爱跳绳，在草地上我像兔子一样敏捷；我爱跳舞，在舞台上我像巴拉拉小魔仙一样闪亮……在描述过程中，教师通过图示的方式，为幼儿较为复杂的口头叙述提供支架，引导幼儿整理思路，有序表达“我爱……在……像……”，让图书文字的叙述顺序更为恰当。

（二）成人梳理并形成较规范的语言

自制图书的表述，是幼儿将口头语言转化为书面语言的过程。在此过程中，幼儿需要成人的不断引导与提升，特别是对词汇的使用、语法的运用和句式的修整。在梳理幼儿表达的原始内容时，成人应把握好尺度，既要保留幼儿语言中的童趣，又要提升幼儿语言的规范性。

1. 为图书命名

图书的书名是吸引读者阅读的第一要素。幼儿自制图书的命名者应该是幼儿本人。教师在引导幼儿为图书命名时，要彰显图书主题，简洁明了，生动直白，充分体现幼儿自制图书的独有特征。如“我不想长大”“送星星回家”“我是种子大力士”“我的牙宝宝”等，既形象地概括了图书主题，又突显了幼儿简单、明晰的语言表达方式。

2. 逐页表达画面内容

在梳理自制图书语言的过程中，最重要的一环就是幼儿将原始画面内容的口头表达转化为文字、符号。该过程需要教师和幼儿就图书的画面内容耐心商讨，引导幼儿讲述画面的内容，充分表达自己的想法，教师再将幼儿原有较为零散、片断的语言描述进行修正和提升，帮助幼儿逐页梳理画面内容。幼儿自制图书页面的语言表述既要能清晰、流畅地表达页面的原始内容，又要体现出图书逐页内容的关联性和统一性。在这个口头语言转化为书面语言的环节中，教师要注意保留儿童语言独有的表达方式和语言特征。

[案例] 幼儿自制图书《幸福树》，幼儿对画面的描述是：“风吹过来，大树就像在跳舞。下雨了，大树就像在洗澡。下雪后，大树就像一根冰激凌。彩虹出来了，大树就像戴上一顶帽子。”教师根据画面，和幼儿一起讨论，然后修改为：“起风了，我是一棵会跳舞的树。下雨了，我是一棵洗澡的树。下雪了，我是一棵冰激凌树。彩虹出来了，我是一棵戴着花帽子的树。”修改后的文字并没有丢失幼儿原有的想象和童真，只是在语言的表达上更加书面化。

[案例] 幼儿自制图书《美丽的家园》，幼儿对其中画面的描述是：“小朋友往马路上乱扔垃圾，街上都黑了。”“小朋友往水里乱扔垃圾，水都黑了。”幼儿的描述较为口语化，教师将其修改为：“小朋友在马路上乱扔垃圾，马路变黑了。”“小朋友往小河里乱扔垃圾，小河变黑了。”修改后的语言表达更加规范。

（三）运用多种方式表征

幼儿自制图书的语言表征方式可以是多种多样的，可以在画面上书写文字和符号，可以在画面上打印文字和符号，也可以把打印文字和符号剪成多种形状粘贴在画面上。总之，幼儿自制的图书，要以图文结合的方式表现内容。

四、自制图书的装订

幼儿自制图书的装订是指在确立了图书的主题并完成画面制作、语言设计后，再制作图书的封面、封底、页码，并将画页装订成书。幼儿自制图书的装订，可以根据条件和幼儿的兴趣，采取不同的装订方式：用订书机直接装订，再使用长条形纸进行包边；使用细线进行装订；采用圆形塑料环或金属环进行装订；使用塑料胶纸进行胶装。完成装订后，一本自制图书的制作就完成了。

五、自制图书的主体

幼儿自制图书，可以是幼儿个体独立制作，也可以是幼儿与他人合作制作。

（一）个体自制图书

幼儿是自制图书的主要制作人。中、大班的幼儿已经具备独立自制图书的能力。只要有幼儿感兴趣的图书主题，就能有效激发幼儿制作图书的自主性和积极性。

［案例］悦悦小朋友是个特别喜欢动物的孩子，经常阅读关于动物或自然的图书。悦悦每次阅读后，总会问很多关于动物或自然现象的问题。在一次

区域活动中，悦悦小朋友就将自己的疑问制作成图书《我的为什么?》，希望通过图书的方式让大家帮助她找到问题的答案。

《我的为什么?》封面

《我的为什么?》画面一

《我的为什么?》画面二

《我的为什么?》画面三

《我的为什么?》画面四

《我的为什么?》画面五

金教鞭

（二）合作自制图书

1. 与同伴合作制作图书

同伴合作，是幼儿园教学活动常用的模式。自制图书活动，也可以是两个或两个以上的幼儿围绕同一个图书主题，通过分工协作，共同完成图书的制作。同伴合作自制图书活动，较适合在幼儿园的中、大班开展。

[案例] 开展诗歌《摇篮》的教学活动之后，教师引导幼儿对诗歌《摇篮》进行创编。幼儿运用自己的生活经验和想象创编诗歌内容。教师组织幼儿分为几个小组，根据幼儿创编的内容制作图书。每组幼儿将自己创编的诗歌内容绘画成页，同时合作完成图书的封面、封底和页码的设计以及图书装订。

《摇篮》画面一

《摇篮》画面二

《摇篮》画面三

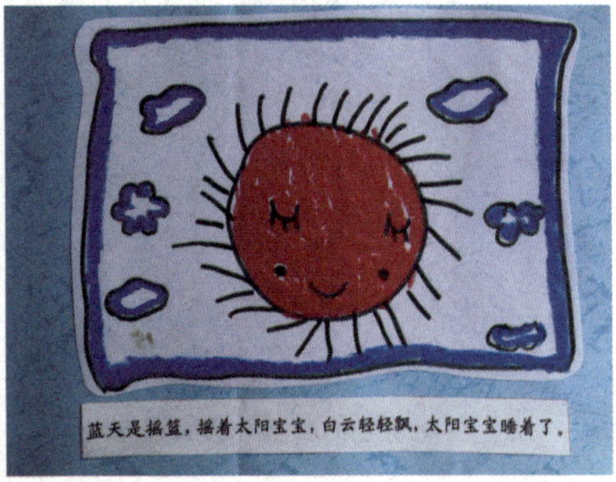

《摇篮》画面四

2. 师幼自制图书

在幼儿园的自制图书活动中，教师是幼儿活动的支持者与合作者。除了提供物质材料以外，在制作过程中，教师要协助并提供一定的指导，帮助幼儿积累自制图书的相关经验，提升幼儿自制图书的相关能力。

［案例］在儿歌《树是我们的好朋友》的教学活动中，欣欣小朋友创编了关于树的儿歌，并产生将创编的儿歌制作成图书的意愿。为了满足欣欣自制图书的愿望，教师和欣欣一起商定图书的主题，商讨每页的内容和书名，并提供不织布由欣欣自主绘画、粘贴画面。在制作过程中，欣欣进一步熟悉了自制图书的流程，提升了画面构图、书面语言运用等自制图书所需要的技能。

《树是我们的好朋友》画面一

《树是我们的好朋友》画面二

《树是我们的好朋友》画面三

《树是我们的好朋友》画面四

《树是我们的好朋友》画面五

《树是我们的好朋友》画面六

3. 亲子自制图书

亲子自制图书就是幼儿和家长合作制作图书。家长应尊重幼儿的个人意愿，始终坚持幼儿是图书的主要制作人的原则，以辅助者与支持者的角色协助幼儿完成图书的制作。家长应敏感地捕捉幼儿在生活中发生的某件事或幼儿说过的某段话，鼓励幼儿将这些值得记录和保留的瞬间用图书的形式保存下来。幼儿自制的图书是记录儿童成长的方式之一。亲子制作图书，应符合幼儿应有的年龄特征，展现幼儿真实的生活体验。

[案例] 亲子自制图书《佳佳，加油！》记录了父亲和女儿开展亲子运动的过程。幼儿通过绘画表现与爸爸运动的场景，爸爸则根据幼儿的画面内容粘贴相应的照片。父女共同完成了图书画面的制作。图书生动形象地将佳佳小朋友和爸爸一起运动的美好时光呈现出来，向读者传递了浓浓的父女亲情。

《佳佳，加油！》画面一

《佳佳，加油！》画面二

《佳佳，加油！》画面三

《佳佳，加油！》画面四

《佳佳，加油！》画面五

《佳佳，加油！》画面六

《佳佳，加油！》画面七

第八章　早期阅读活动的评价反思

评价反思是幼儿园教育工作的重要组成部分。通过评价反思，教师可以了解教育的适宜性、有效性，从而更好地调整和改进工作，提高教育质量。幼儿园早期阅读活动的评价反思包括早期阅读教学活动的评价反思、阅读区活动的评价反思与亲子阅读活动的评价反思。这三种不同类型活动的评价反思既有共同的要素，又有各自不同的要素。对早期阅读的评价反思可以是教师自评、同伴互评，也可以是专家点评。

一、早期阅读教学活动的评价反思

早期阅读教学活动的评价反思，通常可在活动结束后开展。教师通过评价反思可以更好地了解活动目标制订的准确性、活动准备的适宜性，以便更好地提升早期阅读教学活动的有效性。

（一）评价要素与评价指标

根据幼儿园早期阅读教学活动的特点，可以将早期阅读教学活动的评价要素分为图书选择、活动目标、活动准备、教师指导与幼儿表现五个方面。每个评价要素都有具体的评价指标。

1. 图书选择

本书第三章已经确定了图书选择的六个标准，即贴近幼儿的生活、满足幼儿的需要、符合幼儿的兴趣、符合幼儿的年龄特征、促进幼儿的发展、关注幼儿的审美。教师可将这六个标准作为图书选择的评价指标。

评价要素	评价指标	反思与改进
图书选择	贴近幼儿的生活	
	满足幼儿的需要	
	符合幼儿的兴趣	
	符合幼儿的年龄特征	
	促进幼儿的发展	
	关注幼儿的审美	

2. 活动目标

结合《指南》语言领域子领域“阅读与书写准备”中的三条目标（“喜欢听故事，看图书”“具有初步的阅读理解能力”“具有书面表达的愿望和初步技能”），参考《福建省集体教学评价指标》中相关内容，我们将幼儿园早期阅读教学活动的活动目标的评价指标定位为以下三个方面。

评价要素	评价指标	反思与改进
活动目标	涵盖幼儿阅读兴趣、阅读习惯、阅读能力、阅读技能等多方面内容	
	符合幼儿早期阅读各年龄段的目标、发展需要及本班实际	
	能抓住图书的主线	

3. 活动准备

早期阅读教学活动的活动准备的评价指标体系包括经验的准备、图书的投放、阅读氛围的营造三个方面。

评价要素	评价指标	反思与改进
活动准备	了解并丰富幼儿与图书内容有关的经验	
	图书投放既有适宜教师导读的大书（或电子书），又有足够数量、能满足幼儿自主阅读的小书	
	辅助材料的选择有助于幼儿理解图书的内容	
	能营造温馨、宽松的阅读氛围	

4. 教师指导

教师指导的评价指标主要围绕图书的解读、计划的设计、过程的指导等方面展开。

评价要素	评价指标	反思与改进
教师指导	选择的图书适宜早期阅读教学活动	
	对图书的解读到位，能抓住图书的线索，把握其教育价值	
	能根据图书的内容和幼儿的年龄特征设计合理的教学环节，注重每一教学环节的目的性和有效性	
	能运用观察、预测、验证等阅读策略指导幼儿理解并表述图书的内容	
	幼儿自主阅读中注重观察，注意引导幼儿良好阅读习惯的养成和阅读技能的习得	
	能抓住图书的重点和幼儿阅读中的难点，进行重难点导读，帮助幼儿梳理、提升经验	
	精心设计提问，所提的问题富有启发性，有助于幼儿观察和理解图书的内容	

5. 幼儿表现

幼儿表现的评价指标可从阅读品质、阅读技能、阅读习惯、大胆表达、目标达成五个方面进行设定。

评价要素	评价指标	反思与改进
幼儿表现	认真、专注阅读	
	掌握正确的阅读技能	
	爱护图书，轻拿轻放	
	大胆表达对图书的理解	
	达成本次活动目标	

早期阅读教学活动评价反思表（示例）

班　级：＿＿＿＿＿＿　　时　间：＿＿＿＿＿＿

活动内容：＿＿＿＿＿＿　　评 价 者：＿＿＿＿＿＿

评价要素	评价指标	反思与改进
图书选择	贴近幼儿的生活	
	满足幼儿的需要	
	符合幼儿的兴趣	
	符合幼儿的年龄特征	
	促进幼儿的发展	
	关注幼儿的审美	
活动目标	涵盖幼儿阅读兴趣、阅读习惯、阅读能力、阅读技能等多方面内容	
	符合幼儿早期阅读各年龄段的目标、发展需要及本班实际	
	能抓住图书的主线	
活动准备	了解并丰富幼儿与图书内容有关的经验	
	图书投放既有适宜教师导读的大书（或电子书），又有足够数量、能满足幼儿自主阅读的小书	
	辅助材料的选择有助于幼儿理解图书的内容	
	能营造温馨、宽松的阅读氛围	
教师指导	选择的图书适宜早期阅读教学活动	
	对图书的解读到位，能抓住图书的线索，把握其教育价值	
	能根据图书的内容和幼儿的年龄特征设计合理的教学环节，注重每一教学环节的目的性和有效性	
	能运用观察、预测、验证等阅读策略指导幼儿理解并表述图书的内容	

续表

评价要素	评价指标	反思与改进
教师指导	幼儿自主阅读中注重观察，注意引导幼儿良好阅读习惯的养成与阅读技能的习得	
	能抓住图书的重点和幼儿阅读中的难点，进行重难点导读，帮助幼儿梳理、提升经验	
	精心设计提问，所提的问题富有启发性，有助于幼儿观察和理解图书的内容	
幼儿表现	认真、专注阅读	
	掌握正确的阅读技能	
	爱护图书，轻拿轻放	
	大胆表达对图书的理解	
	达成本次活动目标	

（二）评价案例

大班早期阅读《我的幸运一天》教学活动

（执教者：李秀云）

设计意图

《我的幸运一天》生动幽默地描述了一只糊里糊涂的小猪居然走错了门，把狐狸的家当成了小兔子的家，但它临危不惧，最后运用自己的智慧虎口脱险的过程。绘本简洁明了，画面色彩丰富，结构安排、细节描写、造型设计等适合大班幼儿阅读。活动可以尝试采用封面导读、师幼共读、自主阅读、完整阅读等形式开展。在自主阅读中，通过图片梳理、动画课件相结合，帮助幼儿理解狐狸给小猪洗澡、做午餐、按摩这三个脱险策略，感受小猪的机智与勇敢。

活动目标

1. 理解绘本内容，感受情节突然发生转变的趣味性。

2. 仔细观察画面，能根据画面进行大胆猜测与表达。

3. 体会小猪的机智和勇敢。

活动准备

物质准备：课件，黑板，幼儿人手一本《我的幸运一天》绘本；事先将绘本第22～28页小猪脱险部分用夹子夹住，便于分段自主阅读。

活动过程

一、出示封面，引导幼儿观看，激发幼儿阅读的兴趣。

引导语：今天老师带来一个新朋友，他会给我们带来什么有趣的事情呢？我们一起来看看。

提问：① 封面上有谁？②狐狸和小猪在一起会发生什么事情？

二、播放课件，师幼共读第1～7页，引导幼儿猜测故事的发展情节。

（一）师幼共读第1～3页。

提问：①狐狸在做什么？他为什么要修爪子？②狐狸看向哪里？（看门那边）为什么？③小猪怎么会敲狐狸家的门？

教师朗读第1～3页的内容。

（二）师幼共读第4、5页。

提问：小猪什么表情？为什么会这样？

（三）师幼共读第6、7页。

引导语：接下来会发生什么？

提问：①发生什么事了？②如果你是小猪，你会怎么办？

小结：你们观察得很仔细，也想了很多好办法。

三、幼儿自主阅读绘本第8～21页，师幼共同梳理，引导幼儿体会小猪的机智和勇敢。

引导语：让我们一起看看书上是不是和你们想的一样，请打开绘本一直看到有夹子的那一页。

（一）幼儿自主阅读，教师观察指导。

重点引导幼儿观察小猪想了哪些办法。

（二）自主阅读后提问：小猪被狐狸吃了吗？小猪想了什么办法让狐狸没吃他？

1. 师幼共同观察绘本第 8、9 页。

提问：①小猪想的第一个办法是什么？②小猪对狐狸说了什么，狐狸会给他洗澡吗？小猪是真的想让狐狸给他洗澡吗？他为什么要这么做呢？

教师朗读第 8、9 页的内容。

2. 教师边播放课件（绘本第 10、11 页），边提问：①小猪有没有机会逃跑？②这是只什么样的狐狸？

教师朗读第 10、11 页的内容。

3. 出示绘本第 12、13 页。

提问：狐狸给小猪洗好澡后想做什么？（烤小猪）小猪这次想的是什么办法？

4. 引导幼儿观察第 14、15 页。

提问：小猪是怎么让狐狸给他做午餐的？

教师朗读第 14、15 页的内容。

5. 师幼共同观察绘本第 16、17 页。

提问：这时的狐狸在做什么？（给小猪按摩）狐狸为什么会给小猪按摩？

教师朗读第 18、19 页的内容。

6. 观察绘本第 20、21 页，设置悬念：后来狐狸怎么了？从哪里看出来？为什么会这么累？

小结：真够累的。现在的小猪洗得干干净净，也吃饱变肥，还被狐狸按摩得又松又软。

四、幼儿自主阅读第 22～28 页，感受情节突然发生转变的趣味性，尝试为绘本取名字。

引导语：小猪被狐狸吃了吗？请小朋友打开书上的夹子，把书看完吧。

（一）幼儿自主阅读，教师观察指导。

提问：①狐狸怎么了？从哪里看出来？②小猪去哪儿了？你怎么知道的？③你觉得这是一只什么样的小猪？

小结：这真是一只聪明、机智、勇敢的小猪。

（二）启发幼儿为绘本命名。

提问：这本书的故事很有趣，你们能给这本书取个名字吗？

小结：你们为这本书取的名字真好。作者给这本书取了什么名字呢？我们一起来读读吧。

五、介绍原著书名，引导幼儿完整阅读，进一步体会小猪的机智与勇敢。

（一）引导幼儿完整阅读绘本。

（二）完整阅读后启发幼儿思考。

提问：这本绘本的名字是“我的幸运一天”，最后是谁的幸运一天？刚开始是谁的幸运一天？为什么？

（三）出示封底，引导幼儿说说狐狸醒来后发现小猪不见了会怎么做。

引导语：狐狸怎么样了？他醒来后发现小猪不见了会怎么做呢？请大家想一想，在区域活动时用图文记录的方式记录下来并讲给小伙伴们听。

活动延伸

阅读区：将绘本投放在语言区供幼儿继续阅读；提供纸笔，请幼儿运用绘画或符号创编故事，并和大家一起分享、交流。

表演区：提供角色头饰等道具供幼儿表演。

活动评价（点评专家：福建师范大学林菁教授）

1. 选材好，绘本的主题、内容与画面适合大班幼儿阅读。

小猪和狐狸是幼儿熟悉的动物形象。绘本情节充满戏剧性和趣味性。大班幼儿对图书内容的理解能力较强，爱学、好问。在活动中，我们可以看出幼儿对小猪这一天的波折情节很感兴趣，能较好地理解绘本的内容并大胆猜测情节的发展。

2. 解读到位，充分挖掘了该绘本的教育价值。

在活动中，教师紧扣“小猪是如何运用自己的智慧虎口脱险”进行引导和有针对性的提问，让幼儿在大胆猜测、阅读与表达中体会小猪的机智与勇敢。

3. 目标定位准确，抓住了早期阅读的核心目标。

该活动目标“1”和“2”主要从认知能力、阅读能力和情感态度方面来界定，目标“3”主要是揭示绘本的主题思想。活动目标具体、明确，抓住了大班幼儿早期阅读应获得的核心经验。

4. 教学策略适宜，有效解决了活动的重难点。

(1) 活动采用封面导读、师幼共读、幼儿自主阅读与共同梳理、完整阅读相结合的形式展开。

(2) 设计的问题针对性强，富有启发性，如："小猪对狐狸说了什么，狐狸会给他洗澡吗?"提问能帮助幼儿逐步学会分析、推理，充分体验阅读的快乐，加深幼儿对故事的理解，引导幼儿感受小猪的聪明和狐狸的贪婪。

(3) 幼儿自主阅读后，教师帮助梳理狐狸给小猪洗澡、做午餐、按摩这三个环节，对解决重难点起到画龙点睛的作用。

(4) 活动结尾启发幼儿为绘本故事命名，充分发展了幼儿的思维与语言概括能力。

(5) 出示原著书名并引导幼儿完整阅读，在充分尊重原著的同时注重建立幼儿口头语言与书面语言间的联系。

二、阅读区活动的评价反思

阅读区活动的评价，是对阅读区活动开展的价值做出评定。它是以阅读区活动为对象，以诊断和推进阅读区活动为主要目的，对阅读区活动开展过程中的各要素进行价值判断，并为进一步改进阅读区活动提供支持。在进行阅读区活动评价时，要把握各评价要素，明确评价指标，客观、真实地根据阅读区活动的情况进行评定。

（一）评价要素与评价指标

阅读区活动的评价要素包括阅读区设置、阅读区规则、图书投放、阅读区辅助材料投放、教师指导和幼儿表现。阅读区活动的评价指标针对这六个要素进行具体的阐述。

1. 阅读区设置

阅读是一个安静、专注的活动，因此，阅读区的设置应该保证幼儿能够

专注于图书阅读，不容易受到其他区域的干扰。（关于阅读区的设置，详见本书第五章）

评价要素	评价指标	反思与改进
阅读区设置	有一个单独的空间，相对独立、安静，且光线充足	
	阅读氛围温馨、舒适	
	能根据幼儿不同的年龄特征进行设置	

2. 阅读区规则

阅读区规则的建立能促进幼儿有效阅读。阅读区规则的呈现方式是否合理也是评价阅读区的一个指标。幼儿的年龄特征决定了教师需要用图文结合的方式显示阅读区规则，让不识字的幼儿能根据图片的提示明白其具体内容，并遵守其要求。阅读区的规则并非一成不变，教师需要基于幼儿的活动情况，与幼儿商讨并改进阅读区规则，保证阅读区的规则符合本班幼儿当前的需求。

评价要素	评价指标	反思与改进
阅读区规则	能根据不同年龄班幼儿的特征建立相应的规则	
	规则的呈现便于幼儿理解与遵守	
	能基于幼儿的活动情况，与幼儿商讨并改进阅读区规则	

3. 图书投放

阅读区投放的材料主要是图书。在选取图书时除了要把握贴近幼儿生活、满足幼儿需要、符合幼儿兴趣、符合幼儿年龄特征、促进幼儿发展和关注幼儿审美这六个方面外，还需要考虑图书类型是否多样，不同类型的图书能满足不同幼儿的阅读兴趣与发展需求。不仅如此，教师对图书的投放数量应与进区幼儿的人数相匹配，保证进区幼儿有书可读。教师在投放图书时，还需要根据幼儿的兴趣对图书数量与类型进行调整与更换，满足每个幼儿的阅读需要。

评价要素	评价指标	反思与改进
图书投放	图书类型多样	
	图书的投放量与进区幼儿的人数相匹配	
	能根据幼儿的兴趣对图书数量与类型进行调整与更换	

4. 阅读区辅助材料投放

阅读区的辅助材料是指除图书以外的其他材料，包括图卡、记录纸、表格、画纸、书签、水彩笔、数字贴、双面胶、透明胶、订书机或小黑板等。辅助材料的类型应该多样，能满足幼儿记录、自制图书和修补图书的需要。教师在投放时应注意分类摆放，如图卡、记录卡、表格等有助于幼儿理解图书内容的材料放一起，画纸、水彩笔、数字贴等供幼儿自制图书的材料放一起，双面胶、透明胶、订书机等可以修补图书的材料放一起。这样便于幼儿归类与取放。

评价要素	评价指标	反思与改进
阅读区辅助材料投放	类型多样，能满足幼儿记录、自制图书和修补图书的需要	
	分类摆放	
	便于幼儿取放	

5. 教师指导

在阅读区活动中，教师的指导是贯穿始终的，在活动导入、幼儿自主阅读和活动分享三个环节中，教师都需要进行适当的观察与引导，并在此基础上进行恰当的指导。

评价要素	评价指标		反思与改进
教师指导	活动导入	将投放的新书与新材料及时向幼儿介绍	
		基于阅读区活动的情况提出活动要求	

续表

评价要素	评价指标		反思与改进
教师指导	活动观察与指导	观察、记录幼儿阅读图书和运用辅助材料的情况	
		能针对观察到的情况把握介入时机，适时指导	
		幼儿阅读结束后，能引导幼儿讲述图书内容，以了解幼儿对图书的理解情况	
	活动分享	在对阅读活动情况观察的基础上进行分享	
		能针对图书的重点和大部分幼儿阅读中的难点进行导读	

6. 幼儿表现

在阅读区活动中，幼儿的行为表现是教师观察的重点，也是教师了解幼儿发展水平的重要评价素材。

评价要素	评价指标	反思与改进
幼儿表现	能遵守阅读区规则	
	能自主选择图书和辅助材料，阅读专注	
	能掌握阅读技能，如会一页一页翻书	
	愿意讲述图书内容，与同伴交流	
	在理解图书的基础上，尝试进行改编、仿编或创编	
	有自制图书的愿望，并尝试自制图书	
	有良好的阅读习惯，尝试对图书进行修补	

阅读区活动评价反思表（示例）

班　　级：__________　　时　　间：__________

活动内容：__________　　评 价 者：__________

<table>
<tr><th>评价要素</th><th colspan="2">评价指标</th><th>反思与改进</th></tr>
<tr><td rowspan="3">阅读区设置</td><td colspan="2">有一个单独的空间，相对独立、安静，且光线充足</td><td></td></tr>
<tr><td colspan="2">阅读氛围温馨、舒适</td><td></td></tr>
<tr><td colspan="2">能根据幼儿不同的年龄特征进行设置</td><td></td></tr>
<tr><td rowspan="3">阅读区规则</td><td colspan="2">能根据不同年龄班幼儿的特征建立相应的规则</td><td></td></tr>
<tr><td colspan="2">规则的呈现便于幼儿理解与遵守</td><td></td></tr>
<tr><td colspan="2">能基于幼儿的活动情况，与幼儿商讨并改进阅读区规则</td><td></td></tr>
<tr><td rowspan="3">图书投放</td><td colspan="2">图书类型多样</td><td></td></tr>
<tr><td colspan="2">图书的投放量与进区幼儿的人数相匹配</td><td></td></tr>
<tr><td colspan="2">能根据幼儿的兴趣对图书数量与类型进行调整与更换</td><td></td></tr>
<tr><td rowspan="3">阅读区辅助材料投放</td><td colspan="2">类型多样，能满足幼儿记录、自制图书和修补图书的需要</td><td></td></tr>
<tr><td colspan="2">分类摆放</td><td></td></tr>
<tr><td colspan="2">便于幼儿取放</td><td></td></tr>
<tr><td rowspan="5">教师指导</td><td rowspan="2">活动导入</td><td>将投放的新书与新材料及时向幼儿介绍</td><td></td></tr>
<tr><td>基于阅读区活动的情况提出活动要求</td><td></td></tr>
<tr><td rowspan="3">活动观察与指导</td><td>观察、记录幼儿阅读图书和运用辅助材料的情况</td><td></td></tr>
<tr><td>能针对观察到的情况把握介入时机，适时指导</td><td></td></tr>
<tr><td>幼儿阅读结束后，能引导幼儿讲述图书内容，以了解幼儿对图书的理解情况</td><td></td></tr>
</table>

续表

评价要素	评价指标		反思与改进
教师指导	活动分享	在对阅读活动情况观察的基础上进行分享	
		能针对图书的重点和大部分幼儿阅读中的难点进行导读	
幼儿表现	能遵守阅读区规则		
	能自主选择图书和辅助材料，阅读专注		
	能掌握阅读技能，如会一页一页翻书		
	愿意讲述图书内容，与同伴交流		
	在理解图书的基础上，尝试进行改编、仿编或创编		
	有自制图书的愿望，并尝试自制图书		
	有良好的阅读习惯，尝试对图书进行修补		

（二）评价案例

中班阅读区阅读《我藏好啦》活动

（执教者：徐燕华）

活动目标

1. 尝试续编故事。

2. 愿意用图画或符号记录、表达自己的想法。

3. 能准确运用“里（外）面”“上（下）面”等方位词，进行较连贯的讲述。

活动准备

物质准备：绘本《我藏好啦》，黑色水彩笔，记录纸，小恐龙和恐龙爸爸的图卡。

活动过程

一、开始环节。

（一）回顾绘本内容，引出新材料。

引导语：昨天我们一起读了《我藏好啦》，这本书讲了一个什么故事？（小恐龙和爸爸捉迷藏的故事）小恐龙还没玩够，想再和爸爸玩一次捉迷藏，小朋友们能不能来帮助它？

（二）说明续编方法。

引导语：想一想，除了书里的那些地方，小恐龙还能藏在哪里？大家按顺序把自己想到的地方画在格子里，然后操作小恐龙图卡，把你编的故事讲出来。

（三）提出要求：①用简单的图画或符号表现出捉迷藏的地点；②可以把续编的故事讲给同伴听。

二、自主续编环节。

（一）幼儿根据自己的兴趣自由续编。

（二）指导要点：①幼儿是否用图画或符号表达自己的想法并较连贯地讲述；②幼儿能否准确运用方位词进行说明性讲述。

（三）观察幼儿在活动中遇到的问题，及时给予帮助和引导。

三、分享交流环节。

（一）请幼儿带上记录纸，分享交流自己续编的故事。

提问：谁来给大家介绍一下你的小恐龙藏到了哪里？恐龙爸爸是怎么找到它的？

（二）幼儿互相欣赏作品。

活动评价

此次阅读区活动投放的《我藏好啦》是在早期阅读教学活动之后教师继续投放在阅读区供幼儿阅读的材料，满足了幼儿再阅读、再探索的愿望。教师还提供了小恐龙和恐龙爸爸的图卡、记录纸和黑色水彩笔等辅助材料，让幼儿想象、绘画小恐龙还能藏在什么地方，并操作图卡大胆讲述。

导入环节，教师通过回忆图书内容、介绍辅助材料的方式引出图书，并激发幼儿阅读和创编的兴趣，为幼儿的自主续编奠定了良好的基础。幼儿自主续编时，教师根据观察，给予幼儿适时的帮助与指导，为幼儿的想象、续编提供了支持。

此次阅读区活动中，一共有六名幼儿选择了新材料。他们在自主续编时都比较专注认真，能大胆发挥想象，用绘画的方式画出自己的想象，并与同伴进行交流。首先，这六名幼儿能够想象小恐龙藏的地方，并用有代表性的、简单的图画或符号记录自己的想法。幼儿的想象有的充满奇思妙想，如图一是字母，图二是鸟窝，图三是包包；有的贴近生活经验，如图四是窗帘，图五是花丛，图六是草丛。画好以后，他们大胆讲述自己的续编内容，如创作图一、图二、图三的三名幼儿是这样讲述的：“小恐龙藏到了字母B后面，因为字母B跟它身体的形状很像。”“小恐龙和小鸟商量：能不能让我藏到你的鸟窝里？爸爸一定找不到我。”“小恐龙找呀找，实在找不到藏的地方。对了！我藏到妈妈的包包里面吧，爸爸一定找不到我！”在讲述过程中幼儿能够区分角色，并用不同的语气、语调表现不一样的角色情感，讲述的语言连贯、完整。

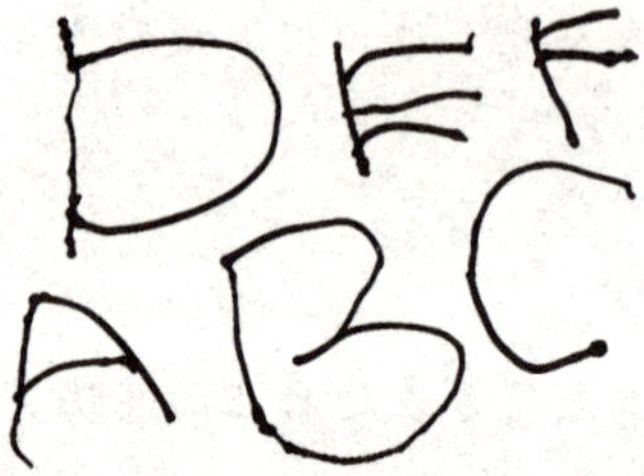

图一

图二

图三

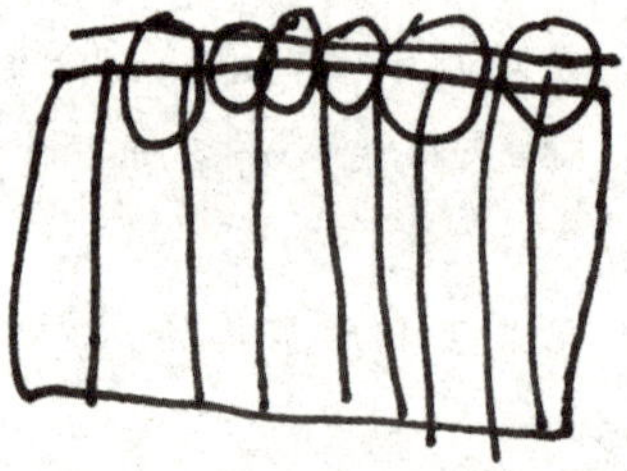

图四

图五

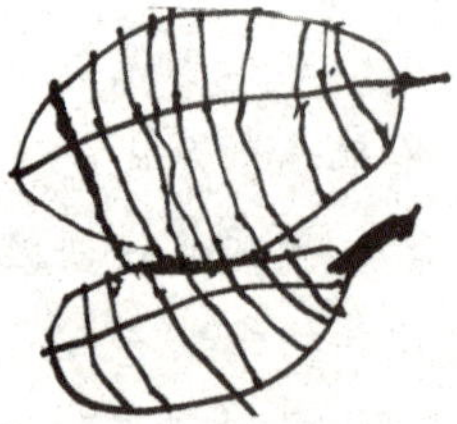

图六

三、亲子阅读活动的评价反思

亲子阅读活动分为严密型亲子阅读活动和松散型亲子阅读活动。不同类型的亲子阅读活动，其评价要素与评价指标也不同。

（一）严密型亲子阅读活动的评价反思

1. 评价要素与评价指标

严密型亲子阅读活动是幼儿园早期阅读教学活动的一种形式，所不同的是参与对象增加了家长，因此评价指标在幼儿园早期阅读教学活动的基础上，有所增加（增加部分加“*”表示）。

（1）图书选择。图书的选择除应遵循早期阅读教学活动选择绘本的原则之外，选择的读本还应适宜亲子阅读、能引发亲情共鸣。

评价要素	评价指标	反思与改进
图书选择	贴近幼儿的生活	
	满足幼儿的需要	
	符合幼儿的兴趣	
	符合幼儿的年龄特征	
	促进幼儿的发展	
	关注幼儿的审美	
	* 适宜亲子阅读	
	* 能引发亲情共鸣	

（2）活动目标。活动目标除了考虑幼儿的情感、态度、知识、能力、技能等，还应该考虑家长行为的教育目标，如情感认同、亲子阅读技能的提升等。

评价要素	评价指标	反思与改进
活动目标	涵盖幼儿阅读兴趣、阅读习惯、阅读能力、阅读技能等多方面内容	
	符合幼儿早期阅读各年龄段的目标、发展需要及本班实际	
	能抓住图书的主线	
	* 有指向家长行为的教育目标	

（3）活动准备。亲子早期阅读活动的准备，除了幼儿方面的经验准备、物质准备、环境创设与资源利用之外，在家长方面还应进行相应的准备。

评价要素	评价指标	反思与改进
活动准备	了解并丰富幼儿与图书内容有关的经验	
	图书投放既有适宜教师导读的大书（或电子书），又有足够数量、能满足幼儿自主阅读的小书	
	辅助材料的选择有助于幼儿理解图书的内容	
	能营造温馨、宽松的阅读氛围	
	*以微信、家长会等形式与家长沟通活动内容、活动目标、活动时间和要求等事项	

（4）活动指导。亲子早期阅读活动的指导主要是针对活动参与主体——幼儿和家长进行的。对幼儿的指导的评价指标与早期阅读教学活动中相关的评价指标一致，对家长的指导主要从家长在活动中把握亲子阅读指导策略、把握亲子互动时机等方面确定评价指标。

评价要素		评价指标	反思与改进
活动指导	对幼儿的指导	选择的图书适宜早期阅读教学活动	
		对图书的解读到位，能抓住图书的线索，把握其教育价值	
		能根据图书的内容和幼儿的年龄特征设计合理的教学环节，注重每一教学环节的目的性和有效性	
		能运用观察、预测、验证等阅读策略指导幼儿理解并表述图书的内容	
		幼儿自主阅读中注重观察，注意引导幼儿良好阅读习惯的养成和阅读技能的习得	

续表

<table>
<tr><th>评价要素</th><th colspan="2">评价指标</th><th>反思与改进</th></tr>
<tr><td rowspan="4">活动指导</td><td rowspan="2">对幼儿的指导</td><td>能抓住图书的重点和幼儿阅读中的难点，进行重难点导读，帮助幼儿梳理、提升经验</td><td></td></tr>
<tr><td>精心设计提问，所提的问题富有启发性，有助于幼儿观察和理解图书的内容</td><td></td></tr>
<tr><td rowspan="2">对家长的指导</td><td>*指导家长把握亲子共读的指导策略</td><td></td></tr>
<tr><td>*指导家长把握亲子互动的时机</td><td></td></tr>
</table>

（5）活动效果。亲子阅读教学活动，因为幼儿和家长共同参与活动，所以活动效果的评价要素也应以指向幼儿和家长两个目标的达成度为主要指标。

<table>
<tr><th>评价要素</th><th colspan="2">评价指标</th><th>反思与改进</th></tr>
<tr><td rowspan="9">活动效果</td><td rowspan="5">幼儿</td><td>认真、专注阅读</td><td></td></tr>
<tr><td>掌握正确的阅读技能</td><td></td></tr>
<tr><td>爱护图书，轻拿轻放</td><td></td></tr>
<tr><td>大胆表达对图书的理解</td><td></td></tr>
<tr><td>达成本次活动目标</td><td></td></tr>
<tr><td rowspan="4">家长</td><td>*在活动中积极参与</td><td></td></tr>
<tr><td>*能把握亲子阅读的指导策略</td><td></td></tr>
<tr><td>*能把握亲子互动的时机</td><td></td></tr>
<tr><td>*明确早期阅读活动的价值是培养幼儿的阅读兴趣，帮助幼儿养成良好的阅读习惯，提升幼儿的阅读能力等</td><td></td></tr>
</table>

严密型亲子阅读活动评价反思表（示例）

班　　级：__________　　时　　间：__________

活动内容：__________　　评 价 者：__________

评价要素	评价指标	反思与改进
图书选择	贴近幼儿的生活	
	满足幼儿的需要	
	符合幼儿的兴趣	
	符合幼儿的年龄特征	
	促进幼儿的发展	
	关注幼儿的审美	
	适宜亲子阅读	
	能引发亲情共鸣	
活动目标	涵盖幼儿阅读兴趣、阅读习惯、阅读能力、阅读技能等多方面内容	
	符合幼儿早期阅读各年龄段的目标、发展需要及本班实际	
	能抓住图书的主线	
	有指向家长行为的教育目标	
活动准备	了解并丰富幼儿与图书内容有关的经验	
	图书投放既有适宜教师导读的大书（或电子书），又有足够数量、能满足幼儿自主阅读的小书	
	辅助材料的选择有助于幼儿理解图书的内容	
	能营造温馨、宽松的阅读氛围	
	以微信、家长会等形式与家长沟通活动内容、活动目标、活动时间和要求等事项	

金教鞭

续表

评价要素	评价指标		反思与改进
活动指导	对幼儿的指导	选择的图书适宜早期阅读教学活动	
		对图书的解读到位，能抓住图书的线索，把握其教育价值	
		能根据图书的内容和幼儿的年龄特征设计合理的教学环节，注重每一教学环节的目的性和有效性	
		能运用观察、预测、验证等阅读策略指导幼儿理解并表述图书的内容	
		幼儿自主阅读中注重观察，注意引导幼儿良好阅读习惯的养成和阅读技能的习得	
		能抓住图书的重点和幼儿阅读中的难点，进行重难点导读，帮助幼儿梳理、提升经验	
		精心设计提问，所提的问题富有启发性，有助于幼儿观察和理解图书的内容	
	对家长的指导	指导家长把握亲子共读的指导策略	
		指导家长把握亲子互动的时机	
活动效果	幼儿	认真、专注阅读	
		掌握正确的阅读技能	
		爱护图书，轻拿轻放	
		大胆表达对图书的理解	
		达成本次活动目标	
	家长	在活动中积极参与	
		能把握亲子阅读的指导策略	
		能把握亲子互动的时机	
		明确早期阅读活动的价值是培养幼儿的阅读兴趣，帮助幼儿养成良好的阅读习惯，提升幼儿的阅读能力等	

2. 评价案例

大班亲子阅读《蚯蚓的日记》活动

（执教者：陈巧月）

设计意图

绘本《蚯蚓的日记》以蚯蚓的视角，用风趣幽默的语言记录了蚯蚓在学校、家庭和朋友之间的生活点滴，还有对自我、未来的想法。这本绘本的特别之处是整本书的故事内容用“日记画”的形式呈现。以这本图书为媒介，可以引导幼儿初步感知日记的形式，激发幼儿书面表达的愿望。

这本图书容量较大，因此可以分为两个阶段开展阅读活动：第一阶段，通过“图书漂流进我家”的活动，让幼儿与家长在家进行亲子共读，达到初步理解图书内容的目标。第二阶段请家长来园，参与集体亲子阅读活动，通过看一看、说一说《蚯蚓的日记》，在宽松温馨的分享、交流、学习过程中实现活动目标。

活动目标

1. 能运用观察、猜测、记录等方法阅读绘本，感受图书的风趣幽默。

2. 能与家长大胆交流自己喜欢的内容。

3. 感受日记在生活中的作用，萌发记录日记的愿望。

4. 家长能有效地指导幼儿用图画或简单文字记录日记。

活动准备

经验准备：活动前，引导幼儿初步了解蚯蚓的生活习性，初步理解图书的内容情节；在“图书漂流进我家”活动中，引导家长与幼儿在家共读该绘本，并请家长了解本次活动的目标、意义、流程。

材料准备：《蚯蚓的日记》一个家庭一本，课件，阅读记录卡，笔；请两位家长选择自己的孕期日记和工作日记，准备与幼儿分享；家长为自己的孩子准备一本日记本。

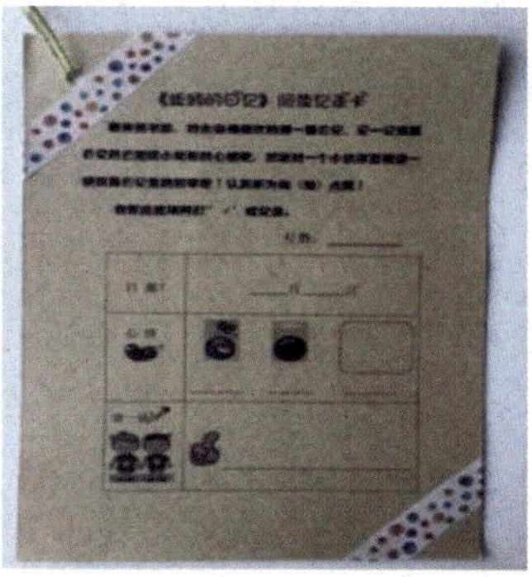

活动过程

一、出示绘本封面，引导幼儿回忆绘本内容。

提问：我们已经在家里和爸爸妈妈一起读过这本书了，你们喜欢这只小蚯蚓吗？为什么喜欢他？

二、集体阅读第一篇日记，引导幼儿先看日期，然后按顺序看图，完整讲述日记的内容。

（一）出示电子课件，指导幼儿阅读第一篇日记。

提问：①日记里有谁？他们在干吗？②蚯蚓教蜘蛛钻地，你觉得蜘蛛能成功吗？③蜘蛛是怎样学的？成功了吗？你怎么知道的？（引导幼儿观察蜘蛛和蚯蚓的表情和动作）

（二）引导幼儿观察绘本中日记的数字。

提问：你知道蚯蚓的这篇日记是在什么时候写的吗？你是从哪里看出来的？

小结：原来在上面的数字是日期，它告诉我们日记写的时间。

三、亲子自主阅读绘本，填写阅读记录卡，理解图书内容。

（一）出示阅读记录卡，交代填写要求。

引导语：请小朋友们和爸爸妈妈一起完整地阅读图书，然后找出自己最喜欢的那一篇日记，把它记录在这张记录卡上。先记一记这篇日记的日期和蚯蚓那天的心情，然后说一说或者和爸爸妈妈一起表演这篇日记里的故事吧！

（二）亲子共读绘本并记录，教师指导。

观察要点：①是否理解绘本内容；②是否能与父母共同填写阅读记录卡。

四、幼儿和家长交流自己最喜欢的日记。

（一）结合电子课件，请幼儿和家长交流、表演自己最喜欢的日记。

提问：你喜欢的日记是几月几日的？这篇日记里发生了什么事情？

（二）教师补充幼儿与家长交流过程中没有读到的部分，或询问读书过程中有什么不明白的地方，启发幼儿和家长理解作者的主旨。

五、联系生活，拓展图书内容，引导幼儿发现日记在生活中的作用，激发幼儿记录日记的愿望。

（一）邀请个别家长介绍自己的工作日记、孕期日记，让幼儿了解日记的多样性及对生活的帮助。

引导语：蚯蚓记日记，把自己觉得快乐、有趣的事情记下来。读了它的日记，我们更加了解和喜欢它了。我们的爸爸妈妈平时在生活中也常常记日记，日记记些什么，有什么作用呢？今天，有的爸爸妈妈带来了自己的日记和我们分享。

（二）小结：爸爸妈妈记录的日记，有的是为了把工作做得更好，有的把自己难过、开心或重要的事情记录下来，有的把日记当作自己的朋友。记录日记是一件多么有意义的事。

六、举行家长赠送幼儿日记本仪式，激发幼儿记录日记的愿望。

（一）引导语：每天有许多有趣的事情发生，小朋友们也可以试着记一记自己的日记。今天爸爸妈妈给你们准备了一份特别的礼物。希望小朋友们像书里的蚯蚓一样，养成记日记的好习惯，让日记伴随小朋友们的成长。

（二）家长赠送幼儿日记本，增进亲子之间的情感，激发幼儿记录日记的愿望。

活动延伸

阅读区：投放图书，引导幼儿进一步阅读图书，理解图书的内容；投放日记本，鼓励幼儿尝试记录日记。

家园共育：家园共同合作，鼓励幼儿记录日记。

活动评价

1. 选材适宜。《蚯蚓的日记》这本绘本中的蚯蚓淘气又可爱，故事内容富有生活气息和童趣，图画生动，语言幽默。整本绘本用日记的形式呈现，适合大班这个年龄段的幼儿阅读。同时，前书写能力是大班幼小衔接的重要内容，用画日记的方式来进行培养，是较有效的方式。养成记日记的习惯，对幼儿的终身都将产生积极的影响。这个良好习惯的培养，需要家园共同配合才能做到。这个亲子阅读活动不仅让幼儿知道了日记的要素、记录方法，激发了幼儿记日记的兴趣，同时也让家长了解了应该如何引导幼儿记日记。

2. 目标适宜。本次亲子阅读活动的目标，既有指向幼儿的活动目标，也有指向家长的活动目标，让家长在参与活动的过程中初步学会有效指导幼儿记日记的方法，并大胆尝试，运用到以后的家园合作中去，提高幼儿的前书写能力。

3. 准备充分。亲子早期阅读教育活动，活动主体多了家长，活动目标也更多维，活动目标的有效达成需要活动主体的共同努力，这就需要更充分地做好活动前的准备。本次活动前，家长已经阅读了这本书，同时也了解了开展本次活动的目的。教师与家长充分沟通，在活动前准备了具有代表性的妈妈的孕期日记和爸爸的工作日记，在活动中进行交流。孕期日记能真实地让幼儿感受妈妈怀孕期间的各种生理、心理的不适，孕育过程的漫长与艰难，体验母亲的伟大，增进幼儿与妈妈之间的亲子情感。爸爸的工作日记能让幼儿真实地感受爸爸工作的努力和辛苦，能增进幼儿与爸爸之间的亲子情感。

4. 方式恰当。这个活动运用亲子阅读的形式，邀请家长参与其中，提高家长指导幼儿阅读的能力。家园共同参与培养幼儿的前书写习惯，远比采用常态的早期阅读教育活动效果好。

5. 策略得当。首先让幼儿在这本篇幅较长的绘本中找到自己觉得最感兴趣的画面，落实一个或两个兴趣点，然后充分表达，有效地解决了重点、难点问题，同时锻炼了幼儿的观察能力、表达能力。家长分享自己的日记，和幼儿快乐地回忆成长的足迹，营造了温馨的氛围，促进亲子情感的升温；赠送日记本作为成长礼物，有效地激发了幼儿学习记录日记的愿望。在活动中，幼儿、家长都表现出极大的活动兴趣和热情，充分说明他们对本次阅读活动的喜爱。本次活动达到了预期的教学目标，甚至远远超越了目标。

6. 延伸有效。本次活动延伸至家庭，鼓励幼儿向蚯蚓学习，把每天所见、所闻、所感画出来，培养幼儿记录日记的习惯，让幼儿在日记中快乐成长。阅读不只是此时、此地，更融进了他们的家庭生活。家园形成合力，促进幼儿前书写习惯的一步步养成和能力的一步步提高。这就是集中教育活动高效达成目标的意义所在。

（二）松散型亲子阅读活动的评价反思

1. 评价要素与评价指标

松散型亲子阅读活动是幼儿园早期阅读活动的重要补充。松散型亲子阅读活动的评价要素包括阅读环境创设、规则建立、图书投放、亲子阅读情况。

（1）阅读环境创设。亲子阅读环境的创设，直接影响着家长和幼儿的阅读兴趣。阅读环境的互动性和适宜性影响着亲子阅读的质量。因此，松散型亲子阅读环境创设的评价指标可以从阅读空间和阅读氛围两个方面来设置。

评价要素	评价指标		反思与改进
阅读环境创设	阅读空间	宽敞、明亮、安静，有相对独立的空间	
	阅读氛围	温馨舒适、宽松安全	

（2）规则建立。松散型的亲子阅读活动，时间在集中教育活动之外，地点在班级之外，少了教师的组织，多了亲子间的自由自在。亲子阅读的高效开展，必须依靠阅读规则的建立和执行来保证，因此松散型亲子阅读的规则建立的评价指标主要从借阅规则和使用规则两个方面来设置。

评价要素	评价指标		反思与改进
规则建立	借阅规则	制订完善的借阅制度，并严格执行	
	使用规则	能用图谱、文字等形式呈现规则，便于家长和幼儿共同阅读并遵守	

（3）图书投放。松散型亲子阅读是严密型亲子阅读的有益补充，但不是重复。图书的投放可以更为多元，以不断激发亲子阅读兴趣为出发点，满足不同家庭亲子阅读的不同需要。因此，可以从投放图书的主题多样化、体裁多样化、渠道多样化等方面来确定评价指标。

<table>
<tr><th>评价要素</th><th>评价指标</th><th>反思与改进</th></tr>
<tr><td rowspan="3">图书投放</td><td>主题多样化：生活习惯培养、社会性发展、自然科学、奇幻探险等</td><td></td></tr>
<tr><td>体裁多样化：故事类、科普类、益智类、散文类、诗歌类等</td><td></td></tr>
<tr><td>渠道多样化：购买的、捐赠的、流动的、自制的等</td><td></td></tr>
</table>

（4）亲子阅读情况。松散型亲子阅读活动情况可以从亲子阅读形式和方法两个方面来确定评价指标。

<table>
<tr><th>评价要素</th><th colspan="2">评价指标</th><th>反思与改进</th></tr>
<tr><td rowspan="2">亲子阅读情况</td><td>形式</td><td>形式多样化，有“故事妈妈（爸爸）”活动、自制绘本活动、修补图书活动、故事比赛活动、图书表演活动、图书手工活动等</td><td></td></tr>
<tr><td>方法</td><td>方法多样化，有仿编、续编、创编等</td><td></td></tr>
</table>

松散型亲子阅读活动评价反思表（示例）

班　　级：__________　　时　　间：__________

活动内容：__________　　评 价 者：__________

<table>
<tr><th>评价要素</th><th colspan="2">评价指标</th><th>反思与改进</th></tr>
<tr><td rowspan="2">阅读环境创设</td><td>阅读空间</td><td>宽敞、明亮、安静，有相对独立的空间</td><td></td></tr>
<tr><td>阅读氛围</td><td>温馨舒适、宽松安全</td><td></td></tr>
</table>

续表

评价要素	评价指标		反思与改进
规则建立	借阅规则	制订完善的借阅制度，并严格执行	
	使用规则	能用图谱、文字等形式呈现规则，便于家长和幼儿共同阅读并遵守	
图书投放	主题多样化：生活习惯培养、社会性发展、自然科学、奇幻探险等		
	体裁多样化：故事类、科普类、益智类、散文类、诗歌类等		
	渠道多样化：购买的、捐赠的、流动的、自制的等		
亲子阅读情况	形式	形式多样化，有“故事妈妈（爸爸）”活动、自制绘本活动、修补图书活动、故事比赛活动、图书表演活动、图书手工活动等	
	方法	方法多样化，有仿编、续编、创编等	

2. 评价案例

“故事妈妈（爸爸）进课堂”活动方案

活动目标

为了提高幼儿的阅读兴趣，加强孩子和父母间的交流，推动亲子阅读、全民阅读，我园举行“故事妈妈（爸爸）进课堂”活动，邀请家长走进课堂，以“故事妈妈（爸爸）”的身份与幼儿一起开展亲子阅读活动，让教师、幼儿和家长共同享受书的芳香。

活动对象

各班幼儿及家长（每班每学期五名家长）。

活动时间

每周二、三、四下午：周二下午小班年段，周三下午中班年段，周四下午大班年段。

活动地点

幼儿园阅览室。

活动准备

1. 坚持自愿性原则。“故事妈妈（爸爸）”由各班班主任负责在本班级家长中认真遴选，每班每学期五名家长参加活动。

2. 坚持合作性原则。家长准备绘本故事，班级教师根据绘本选择要素最终确定，同时班级教师要协助制作课件、设计互动的问题。

3. 坚持长期性原则。每学期至少开展五次活动，长期坚持，促进家园合作。

4. 坚持面向全体的原则。每次活动尽量由不同的家长参与，保证每一位家长三年中有一次参与活动的机会。

活动安排

1. 活动前，教师要和家长落实绘本故事的内容及相关细节，努力让每个故事都能给幼儿留下深刻的印象，对提高幼儿的阅读兴趣有促进作用。

2. 活动中，班主任负责拍照并留存活动照片。

3. 活动结束后，班主任保存故事讲稿、录像。

活动分工

方案制订：×××。

收集资料：各班班主任。

活动分享与总结：各年段长。

活动评价

“故事妈妈（爸爸）进课堂”的活动是幼儿园组织的，有计划、有步骤地由幼儿家长轮流担任“故事妈妈（爸爸）”的角色，以自愿为原则在幼儿园开展的亲子阅读活动。阅览室独立于班级活动室，宽敞、明亮、安静，有严格的文字版规章制度，同时也有面向幼儿的图谱式的使用规则。每一次参与这个活动的妈妈（爸爸）以及幼儿均不同，但是均能一目了然地明确规则并遵守规则。“故事妈妈（爸爸）”的图书选择，均是经过与班级教师共同商量、符合幼儿兴趣和年龄特征、贴近幼儿生活、满足幼儿需要、关注幼儿审美、促进幼儿发展的。不同的妈妈或爸爸轮流演绎不同的图书，有助于引发亲情共鸣，激发幼儿对参与活动的父母的喜爱之情。每一个家庭的父母，由于职业不同，在选择图书的时候，一般会选择与自己专业比较贴近的儿童图书来开展活动，保证了活动内容的多元化。活动常态化、长期化地进行，能很好地达成预期的目标，效果明显。

实践篇

幼儿园早期阅读活动的实施

早期阅读教学活动案例

好喝的汤（小班）

设计意图

《好喝的汤》封面

《好喝的汤》是一本富有童趣而又温馨的绘本，讲述了小动物们把不同的食物加入汤中，熬成一锅美味的汤，并一起分享的故事。活动中，教师准备通过和幼儿共同阅读前两页，帮助幼儿了解故事背景，然后指导幼儿自主阅读，理解故事内容，知道不同的动物带上不同的食材一起来煮汤的过程。最后师幼一起玩“煮汤”的游戏，使幼儿感受与他人分享的快乐。

活动目标

1. 了解小动物煮汤的过程，并乐意进行表述。

2. 能够一页一页地翻书，初步养成良好的阅读习惯。

活动准备

经验准备：幼儿有喝汤的经验，知道一些可以煮汤的菜和调料。

材料准备：绘本《好喝的汤》幼儿人手一本，幼儿喝汤的录像，汤锅一个，鱼、青菜、蘑菇、虾、豌豆等仿真玩具若干。

活动过程

一、播放幼儿喝汤的录像，引出绘本《好喝的汤》。

（一）播放幼儿喝汤的录像。

提问：①我们一起来看看他在干什么。②他是怎么喝汤的？你们来学学看吧！

（二）出示绘本，引导幼儿认识书中的主要角色。

引导语：今天老师带来了一本书，书里也有几只爱喝汤的小动物，我们一起来看看吧！

二、集体阅读绘本封面及第 1、2 页，了解故事背景，掌握初步的阅读技巧。

（一）阅读绘本封面，引导幼儿观察并模仿动物喝汤的动作。

提问：①汤香香的，真好喝！我们来仔细看一看，小猫和小兔是怎么喝汤的呢？小鸡和小鸭呢？大家一起来学一学。②这么好喝的汤是放在哪里煮出来的呢？我们一起来看看。

（二）阅读绘本第 1 页，引导幼儿认识图中的物品。

提问：①这是什么？（一口大锅）锅放在什么上面？（灶台上）锅旁边放着什么？（调料罐）②你知道调料罐里会放些什么吗？③这么好喝的汤会是谁煮出来的呢？

（三）阅读绘本第 2 页，引导幼儿验证猜测并展开想象。

提问：①到底是谁煮的汤呢？从哪里看出来是小猪在煮汤？②咦，小猪去干吗？从哪看出来？

三、幼儿自主阅读绘本，了解故事内容。

（一）引导语：还有谁来煮汤？放了什么东西？答案就藏在书里，你们去书里找一找吧！记住翻书的时候要用食指和拇指捏着书的右下角一页一页地翻，每页都要看到哦！

（二）幼儿自主阅读，教师观察指导。

观察要点：幼儿能否用食指和拇指捏着书的右下角一页一页地翻书，能否根据翻到的页面说说谁来了、它放了什么。

（三）师幼共读绘本，引导幼儿学说“放……进去吧，一定会很好喝”。

1. 阅读第 3～14 页。

（1）提问：①你看见谁来了？②它看见一锅汤会说什么？③它放了什么？放了多少？

（2）出示汤锅，边讲述图书内容边往锅里投放相应数量的“食物”。

引导语：汤里加了菜一定会很好喝吧！听听小动物们是怎么说的。是谁在煮汤？放……进去吧，一定会很好喝！

（3）教师讲述后，鼓励幼儿自主讲述。

2. 阅读第 15 页。

提问：①谁回来了？（小猪）它拿了什么？（大萝卜）②它看见汤里的食物后有什么表情？接下来会怎么做？

3. 阅读第 17、18 页。

提问：小猪和小动物们一起分享这美味的汤，你觉得它们这时候的心情如何？

四、师幼共同完整阅读绘本。

师幼完整阅读绘本，教师注意观察幼儿翻书的情况，并及时给予帮助。

五、玩“煮汤”的游戏，引导幼儿仿编句子“放……进去吧，一定会很好喝”。

玩法：幼儿手拉手围成一个圆圈当作“锅”，每个人轮流放“菜”进去，边放边练习“放……进去吧，一定会很好喝”。

活动延伸

阅读区：将绘本投放到阅读区，供幼儿继续阅读。

表演区：投放锅和仿真食物等，供幼儿自主表演。

（设计者：金　沙）

小象的澡盆（小班）

设计意图

《小象的澡盆》是一本画面简洁、色彩艳丽、形象可爱、句式重复的绘本，适合小班幼儿阅读。书中的小象宝宝在寻找澡盆的过程中与小蚂蚁、小甲虫、小蜗牛、小松鼠等动物发生了许多有趣的事。这个活动中，教师将引导幼儿通过自主阅读，理解小象宝宝寻找澡盆的过程，并大胆猜测故事的情节；同时，在和小象宝宝一同寻找澡盆的过程中，引导幼儿建立

《小象的澡盆》封面

“大”和“小”的概念，认识不同大小的动物，并通过配对卡片梳理故事情节。

活动目标

1. 能一页一页地翻看绘本，理解澡盆大小与动物的对应关系。

2. 仔细观察画面，能说出绘本中重复的句式。

3. 愿意大胆猜测故事的情节，并用语言表述。

活动准备

经验准备：幼儿已认识小蚂蚁、小甲虫、小蜗牛、小松鼠、小乌龟、小鸭子、小猪等小动物。

材料准备：课件，配对卡片，绘本《小象的澡盆》幼儿人手一本（遮挡最后一页）。

活动过程

一、引导幼儿观察绘本封面，导入绘本《小象的澡盆》。

（一）播放课件，遮挡封面，出示眼睛图片，引导幼儿重点观察封面中小象的面部表情。

1. 引导语：大屏幕上什么都没有，我们一起数三下，看看我变出了什么。（眼睛）

2. 提问：①这是一双什么样的眼睛？（大大的、圆圆的）②从这双眼睛可以看出这只小动物现在是什么心情？（有点不高兴）③这双不高兴的眼睛是谁的呢？一起看看吧！

《小象的澡盆》封面中小象的眼睛

（二）导出课件中的绘本封面，利用电子动画效果，鼓励幼儿根据大耳朵、长鼻子，进行猜测。

1. 按照从上到下的顺序，边呈现小象的身体部位边引导：看一看，他有两只……（大耳朵），还有一个……（长鼻子），最后是胖胖的身体。他是谁呢？（小象）

2. 继续观察绘本封面，引导幼儿猜测小象不开心的原因，引出绘本的主题。

引导语：原来是小象宝宝呀。小象宝宝今天不开心，这时候他最想做什么呢？（洗澡，他身上脏兮兮的）

二、师幼共读绘本第1～10页，理解绘本前半部分内容。

（一）师幼共同阅读绘本第1、2页。

教师朗读绘本：小象宝宝爱洗澡，到处找不到澡盆。

（二）阅读绘本第3、4页，鼓励幼儿观察小象找到的第一个“澡盆”。

引导语：他找呀找，找呀找，咦？他看到前面有一个东西，是什么呢？（红红的澡盆、小盖子）原来是个小瓶盖，瓶盖里怎么有只小动物？他是谁？（小蚂蚁）小蚂蚁在瓶盖里干什么？

（三）继续阅读绘本第5、6页，教师提问。

提问：①小象卷起了长鼻子，看着小蚂蚁的澡盆，很想洗澡，可是这个澡盆给小象用合适吗？（不合适）为什么？（太小了）②小蚂蚁皱起了眉头，非常地……（生气），他会对小象宝宝说什么呢？（这是我的，不是你的澡盆）

（四）阅读绘本第7～10页，帮助幼儿理解故事的发展。

1. 出示电子绘本第7页，引导幼儿观察画面，发现小象找到的第二个“澡盆”是小杯子。

引导语：小象继续向前走，他找呀找，找呀找，这次找到了什么呢？（他找呀找，找到了一个小杯子）可是这个小杯子是谁的澡盆？（小甲虫）对呀，是小甲虫的澡盆。

2. 出示第9、10页，提问：小甲虫是什么表情、动作？

3. 引导幼儿模仿小甲虫的动作。

引导语：小甲虫一边手叉着腰，一边指着小象宝宝，非常生气地说：“那是我的澡盆！”谁来模仿下小甲虫生气的样子？

三、幼儿自主阅读绘本第11～30页，教师观察指导。

（一）出示绘本，幼儿自主阅读。

引导语：这本绘本的书名就叫“小象的澡盆”。小象刚才找到了两个澡盆，可是都不适合小象，他继续寻找他的澡盆。请你们认真看看小象又找到了哪些澡盆，这些澡盆适合小象吗？一起去书里寻找答案吧！

（二）提醒幼儿按顺序阅读，交代阅读要求：食指拇指碰一碰，我把小书轻轻翻，一页一页认真瞧，书里藏着小秘密。

四、师幼共同梳理绘本第11～30页，并大胆猜测故事结尾。

（一）出示配对卡，梳理小象寻找“澡盆”的过程。

1. 提问：①小象宝宝找到了哪些澡盆？②小象找到了这么多的澡盆，有瓶盖、小杯子、肥皂盒、饼干盒、小鱼缸、平底锅、大澡盆，可是这些澡盆

《小象的澡盆》配对卡

适合小象吗？为什么？（引导幼儿说出：小象太大，这些澡盆都太小了）③这些澡盆分别是哪只小动物的？

2. 引导幼儿将“澡盆”与小动物进行配对连线。

3. 引导幼儿完整阅读绘本第 11～30 页，验证配对的结果。

引导语：你们都找到了吗？我们一起来看看绘本吧！

讲述绘本内容，朗读第 11～30 页：小象宝宝找呀找，找到了一个肥皂盒……

（二）出示绘本第 31 页，引导幼儿观察小象找不到“澡盆”的表情，感受小象难过、失落的心情。

1. 提问：小象宝宝怎么也找不到澡盆，心情如何？

2. 鼓励幼儿大胆猜测故事的结局。

引导语：小象找不到合适的澡盆很不开心，没有了澡盆，小象可以用什么方法来洗澡呢？

3. 验证猜测结果，出示绘本第 32 页。

小结：原来妈妈的长鼻子就是最好的洗澡工具，没有澡盆一样能洗澡。

五、游戏“香香澡”，活动自然结束。

引导语：小象宝宝洗完澡真开心，我们也和小象宝宝一起洗个“香香澡”吧。

活动延伸

阅读区：将绘本投放到阅读区，供幼儿继续阅读。

表演区：提供小象宝宝、小蚂蚁、小蜗牛、小乌龟等动物头饰，供幼儿自主表演。

（设计者：林　立）

咕咚（小班）

设计意图

绘本《咕咚》文字少，画面简单；情节重复，易于幼儿讲述、理解和模仿。故事讲述的是落水声吓坏了胆小的小老鼠，它在逃跑的过程中碰到了六只动物。教师可以先讲述“小老鼠和兔子逃跑”的内容，然后师幼共同阅读小狐狸逃跑的画面，最后让幼儿自主阅读。层层递进的安排，希望帮助幼儿理解绘本的内容。整个活动中，教师应以“咕咚是谁”为线索引导幼儿猜测、想象，并感受结局的意外和有趣。

《咕咚》封面

活动目标

1. 观察画面、猜测故事情节，初步理解绘本的内容。
2. 感受绘本中动物害怕的情绪，会说：“快逃！快逃！咕咚来了！”
3. 喜欢阅读，能一页一页地翻书。

活动准备

经验准备：幼儿已经熟悉小老鼠、小兔子、小狐狸、小羊、小猪、小斑马、大熊等动物。

材料准备：绘本《咕咚》幼儿人手一本，“咕咚”声录音。

活动过程

一、播放“咕咚”声，导入绘本《咕咚》。

（一）播放“咕咚”声。

引导语：小朋友们听一听、猜一猜，它会是什么声音？

（二）幼儿自由猜测。

（三）导出绘本。

引导语：今天老师带来了一本书，书里有一只小老鼠，他也听到了“咕咚”声，我们一起来看一看。

二、阅读绘本第1～6页，了解小老鼠、小兔子和小狐狸逃跑的情节。

（一）讲述并引导幼儿理解第1～4页的内容。

1. 讲述图书内容：小老鼠出来散步，他走着走着，忽然听到“咕咚”一声，小老鼠吓了一大跳：“谁，是谁？好可怕啊！我要赶紧逃了！”他跑啊跑，遇到了小兔子，就对小兔子说：“快逃！快逃！咕咚来了！”小兔子听了也吓了一大跳，赶紧和小老鼠一起逃了。

2. 提问：①小老鼠为什么吓了一大跳？（听到了“咕咚”声）他对小兔子说什么了？（“快逃！快逃！咕咚来了！”）②小兔子听到后为什么也逃跑了？（小兔子也被吓到了）小兔子吓到的样子是什么样的？（眼睛、嘴巴张得大大的）谁来学一学小兔子被吓到的样子？

（二）师幼共读第5、6页。

提问：①小兔子吓得跟小老鼠一起逃跑，他们跑啊跑，遇到谁了？（小狐狸）他们会跟小狐狸说什么？（“快逃！快逃！咕咚来了！”）②小狐狸会怎么做？（小狐狸也被吓到了）

三、幼儿带着问题阅读第1～14页中动物逃跑的情节，教师观察指导并用图示来梳理绘本的内容。

（一）提出问题。

引导语：小老鼠、小兔子、小狐狸都吓得逃跑了，他们跑啊跑，接下去会遇到谁？小动物们又会说什么、做什么？

（二）幼儿自主阅读，教师观察指导。

观察要点：幼儿是否会一页一页地翻看，是否会联系绘本画面之间的信息，是否能看懂绘本的内容。

（三）围绕绘本第1～14页进行交流，教师用图示来梳理绘本的内容。

1. 提问：①小动物们跑啊跑，遇到谁了？（小羊、小猪、小斑马）小动物们会说什么呢？（“快逃！快逃！咕咚来了！”）②他们都逃跑了吗？（是的，他们都害怕地逃跑了）

2. 用图示梳理绘本的内容。

《咕咚》梳理图

引导语：这些动物一只比一只大，可是连小猪、小斑马这么大的动物都很害怕“咕咚”，“咕咚”到底是谁呢，这么可怕？

四、教师引导幼儿完整阅读绘本。

活动延伸

阅读区：将绘本投放到阅读区，供幼儿继续阅读。

表演区：提供小老鼠、小兔子、小狐狸等动物头饰和道具，供幼儿自主表演。

（设计者：翁美雅）

抱抱（小班）

设计意图

绘本《抱抱》讲述了小猩猩在动物朋友们帮助下找到妈妈的故事。全书只出现了“抱抱”“宝宝”“妈妈”三个词，但是它极具感染力的画面，让幼儿一看就知道发生了什么。画面中，小猩猩丰富的表情与肢体语言，深刻地传达它内在的情绪转变：小猩猩就像一个纯真、友善的孩子，当看到动物们亲密的拥抱时，内心的渴望

《抱抱》封面

油然而生，在情绪低落时放声哭泣，看到妈妈时又破涕为笑。

《抱抱》的画面温馨，满足了幼儿被爱、被拥抱的心理需求，十分贴近幼儿的生活，特别是许多小班的幼儿刚入园时都曾有小猩猩般的感受——想妈妈，渴望得到安慰。教师希望通过开展阅读活动，引导幼儿明白“抱抱”这个肢体动作可以表达内心丰富的感受，用“抱抱”能传递心中的爱。

活动目标

1. 能观察画面，理解故事的内容。

2. 能发现小猩猩的表情变化，感受小猩猩的情绪变化。

3. 感受爱与温馨的氛围，愿意表达心里的内在感受。

活动准备

经验准备：幼儿都有过“抱抱”的经历，能简单地说一说。

材料准备：绘本《抱抱》幼儿人手一本，收集幼儿与教师、与家人拥抱的照片。

活动过程

一、出示封面，导入绘本《抱抱》，引导幼儿认识小猩猩。

（一）引导幼儿观察封面。

引导语：今天老师带来一本好看的书，小朋友看看封面，谁来说一说？

（二）提问：①封面上有谁？（小猩猩和妈妈）它们在干什么？（拥抱）②它们的表情是怎样的？（开心、高兴）

（三）小结：封面上有一只小猩猩和它的妈妈。它就像你们一样，也是小朋友呢。它最爱它的妈妈。它们在一起拥抱很开心，这本书的名字叫“抱抱”。

二、观察画面，理解故事内容。

（一）师幼共读故事的第一部分（扉页至第6页）。

1. 引导语：顽皮的小猩猩有一天趁妈妈不注意，悄悄地离开了家，一个人跑到大森林里去玩了。

2. 提问：①它出去玩的时候开心吗？②遇见了哪些动物？它们在做什么？③小猩猩一直很开心吗？它的表情发生了什么变化？④它想起了什么？它的心情是怎样的？

3. 小结：在大森林里，小猩猩看到小象、小蛇、小变色龙都在和自己的妈妈抱抱，而自己没有，它找不到妈妈了，它很伤心。

（二）幼儿自主阅读故事的第二部分（第7～18页）。

1. 引导语：小猩猩在大象的带领下找妈妈，遇到了很多朋友。

2. 提问：①它们在路上遇见了谁？这些小动物在干什么？②小猩猩的心情怎么样？你是怎么看出来的？

3. 幼儿阅读，教师观察指导。

指导要点：幼儿是否能正确地翻看图书。

4. 与幼儿交流小猩猩找妈妈的过程，重点讨论第15、16页。

提问："抱抱"这两个字有什么变化？为什么变得这么大？旁边小动物的表情是怎样的？小猩猩的心情怎样？

小结：它一直喊着"抱抱"。小象、小变色龙、小蛇、小狮子、小长颈鹿、小河马都在和自己的妈妈抱抱，可是小猩猩没有，它还没有找到妈妈。它非常难过。

（三）引导幼儿表达内心情感。

1. 提问：如果你在小猩猩身边，你会怎么安慰它呢？

2. 小结：小猩猩终于忍不住了，伤心地大声喊"抱抱"。"抱抱"，这两个字变大了，小猩猩的声音也变大了。我们一起来帮它喊，让妈妈听见；接下来字变小了，小猩猩也越来越伤心，我们一起学学它边哭边喊"抱抱"的声音吧！

（四）师幼共读故事的第三部分（第19～29页）。

1. 提问：①远处传来了"宝宝"的叫声，猜猜，谁来了？（妈妈）②除了妈妈，小猩猩还想和谁抱抱？为什么？（大象，大象带小猩猩找到了妈妈）

2. 提问：①小猩猩现在的表情是什么样的？它的心情呢？②它站在哪里？它在对动物们说什么？③最后动物们都在干什么？

3. 小结：在小猩猩去找妈妈的路上，动物朋友们一直陪伴着它，现在找到了妈妈，它和所有的动物朋友们在一起抱抱，就像一个大家庭一样。

三、体验环节，升华情感。

（一）观看幼儿与教师、与家人拥抱的照片，说一说有什么感受。

（二）引导幼儿体验与同伴拥抱的感觉。

1. 鼓励幼儿与自己喜欢的小伙伴体验拥抱的感觉。

2. 小结：原来抱抱可以让人感到温暖，高兴的时候可以抱抱，伤心的时候也可以抱抱。抱抱可以告诉大家很多种意思：我心里很开心、我很感谢你、我很伤心……

四、完整欣赏故事。

活动延伸

阅读区：找一找、说一说动物们是用什么不同的方式拥抱的。

家园共育：与爸爸妈妈一起阅读，感受爱与温馨的氛围，说说心里的感受：你喜欢和谁抱抱？为什么？

（设计者：龚　彦）

云娃娃（小班）

设计意图

绘本《云娃娃》清新淡雅，画面干净。画面以蓝色的天空作底，蓝白相衬，色彩清爽。云娃娃的造型夸张，圆乎乎的大脑袋、水汪汪的眼睛、小小的身子，惹人喜爱。阅读活动准备结合多媒体技术，使得画面直观、生动、形象。开展阅读《云娃娃》的活动是为了引导幼儿在度过焦虑期后开始在幼儿园寻找自己的同伴进行生活、游戏，并体验云娃娃找到朋友的愉悦，在阅读中找到快乐，大胆想象。

《云娃娃》封面

活动目标

1. 理解绘本内容，感受云娃娃的情绪变化过程。

2. 乐于参与阅读活动，能认真观察画面并大胆想象和讲述。

3. 知道和同伴在一起很快乐。

活动准备

材料准备：绘本《云娃娃》幼儿人手一本，课件。

活动过程

一、播放课件，介绍故事主人公，激发幼儿的阅读兴趣。

金教鞭

引导语：今天老师给大家带来了一个新朋友，谁啊？他正在睡觉呢，睡一觉醒来就变成了一个可爱的云娃娃。

二、阅读封面、扉页和第1～4页，理解云娃娃的情绪。

（一）师幼共同阅读封面、扉页。

提问：云娃娃住在哪儿？（在高高的天空上）他往哪里看？我们一起来看看云娃娃在看什么。（是的，地面上有一群小朋友在做游戏，玩得真高兴）

（二）阅读第1～4页，理解云娃娃的情绪。

提问：①云娃娃只有一个人，一直看着下面，他会怎么想呢？②这时候，真的来了一位朋友，快看，谁来了？（一只漂亮的蝴蝶飞过来了）

指导语：看到这么美丽的蝴蝶，云娃娃真高兴，可是蝴蝶玩一会儿飞走了，云娃娃又没有伙伴了。云娃娃真想和蝴蝶再玩一会儿。

三、幼儿自主阅读，教师观察指导。

引导语：云娃娃很想和小朋友一起玩，他会怎么想、怎么做呢？我们一起来看图书。

重点观察：幼儿能否一页一页地翻看图书；能否理解图书的内容，知道云娃娃做了什么事情。

四、师幼共同交流图书的内容。

提问：①云娃娃想和蝴蝶玩，他是怎么做的？②变出蝴蝶以后，他的心情怎么样呢？你从哪里看出来？③云娃娃还变出了什么？（一座城堡，一只兔子，一艘帆船）④云娃娃做了更多的伙伴，如果你是云娃娃，你还会变出什么伙伴呢？

五、完整讲述故事，引导幼儿感受云娃娃有了伙伴后的快乐心情。

（一）引导语：云娃娃有了伙伴玩就变得很开心。你们喜欢和自己的伙伴们一起玩吗？

（二）完整讲述故事。

六、师幼共同游戏，变成云娃娃的好朋友。

活动延伸

美工区：投放白纸供幼儿撕出各种形状的云朵。

益智区：在神秘箱里投放各种形状的云朵，供幼儿想象是什么。

（设计者：孙彩霞）

谁哭了（小班）

《谁哭了》封面

设计意图

《谁哭了》是一本情节生动、画面简洁的绘本，介绍了不同的小动物在遇到不同的麻烦时大声哭泣而又自主调整情绪的过程。这本书的内容贴近幼儿的实际生活。教师希望通过对图书前半部分的导读引发幼儿的阅读兴趣，并在幼儿自主阅读的基础上引导幼儿迁移经验，从而树立“我长大了”的意识，初步掌握调节自身情绪的方法。

活动目标

1. 仔细观察画面，知道绘本中小动物哭泣的原因。

2. 能根据实际情况，大胆表达调节自身情绪的方法。

3. 感受“我长大了”的情感，懂得使用“我不是小宝宝了”的句式。

活动准备

材料准备：绘本《谁哭了》幼儿人手一本，梳理表格，两张小朋友哭泣的图片（小朋友打针、小朋友上幼儿园）。

活动过程

一、谈话“你因为什么事情哭过呢”，导出绘本，激发幼儿对绘本的兴趣。

（一）师幼谈话。

提问：你哭过吗？因为什么哭呢？

（二）导出绘本。

引导语：生活中我们常常遇到会让自己哭的事。今天，老师带来了一本书，名字叫“谁哭了”。我们一起来看看，是谁哭了呢？

二、师幼共读绘本，理解绘本第一部分内容。

（一）出示封面。

提问：①图片上是谁？小熊怎么了？②猜一猜，小熊为什么哭了？③玩具坏了，我们可以怎么办？

（二）阅读第1、2页。

提问：①现在的小熊还哭吗？②接着，它遇到了谁？小老鼠怎么了？③猜一猜，小老鼠为什么哭呢？你是怎么看出来的？④接下来它会一直哭吗？

（三）阅读第3、4页，出示小老鼠前后表情的对比图表，鼓励幼儿根据图片猜测小老鼠不哭的原因。

1. 提问：小老鼠还哭吗？为什么不哭啦？谁帮助了它？

2. 讲述内容：我摔倒了。不过，我不再哭了，我不是小宝宝了。

3. 提问：你们平时摔倒的时候会一直哭吗？

三、提出问题，引导幼儿自主阅读图书第5～19页。

（一）交代阅读重点。

引导语：小熊的玩具坏了，但是它不再哭了，因为它不再是小宝宝了；小老鼠虽然摔倒了，但是它不再哭了，因为它也不再是小宝宝了。它们还会遇见谁呢？请小朋友们一页一页翻，认真看，猜一猜接下来的小动物为什么会哭。

（二）幼儿自主阅读，教师观察指导。

观察要点：幼儿是否逐页翻书，并认真观察画面；幼儿是否能根据画面信息猜测小动物哭泣的原因，并与身边的同伴讨论；幼儿是否能与同伴分享小动物不再哭泣的原因及解决困难的方法。

四、师幼围绕绘本第5～19页进行交流，教师结合表格梳理绘本的内容。

（一）提问：①小兔子、小猫和小猪因为什么哭呢？②生活中你遇到过这种情况吗？怎么解决的呢？③为什么我们现在不再哭了呢？

鼓励幼儿用绘本中的句式回答：我们不再哭了，我们不是小宝宝了。

（二）提问：为什么小熊宝宝还在哭呢？

小结：小熊宝宝还是一个小宝宝，它不会说话，只会用哭声表达自己的感受。我们已经不再是小宝宝了，我们会解决困难，我们不再哭了。

五、引导幼儿结合实际生活，分享自己的生活经历。

（一）出示小朋友打针的图片。

提问：图片上的小朋友为什么哭得这么伤心？（打针）你们打针的时候哭

吗？如果哭了，你会怎么让自己开心起来呢？

（二）出示小朋友上幼儿园的图片。

提问：你们觉得图片上的宝贝上幼儿园为什么哭呢？（想妈妈）你上幼儿园想妈妈的时候，是怎么让自己开心起来的呢？

（三）小结：生活中我们会遇到很多不开心的事情，但是有许多事情我们都可以用很多方法来安慰自己。我们都长大了，不再是小宝宝了。

（设计者：郝哲欣）

好饿的小蛇（小班）

设计意图

绘本《好饿的小蛇》内容简单、情节重复，适合小班幼儿阅读。小蛇好饿的形象、滑稽的画风，能激发幼儿的阅读兴趣。教师在活动中准备采用游戏、模仿、表演等方式，引导幼儿在阅读的基础上理解画面的内容并大胆表述物体的特征。

《好饿的小蛇》封面

活动目标

1. 能逐页翻阅绘本，对画面进行大胆猜想。

2. 感受故事的幽默、滑稽。

3. 能用较完整的语言表述物体的特征。

活动准备

经验准备：幼儿认识常见的水果。

材料准备：绘本《好饿的小蛇》幼儿人手一本，梳理表格，图卡，音乐，播放器。

活动过程

一、游戏“小蛇走路”导入，激发幼儿的兴趣。

（一）观察绘本封面，认识“小蛇”。

引导语：今天，老师带来了一个很好听的故事，有一只动物也跟着我一起来了。我们一起来猜猜看，个它可能会是谁呢？是谁呀？身体细细长长的，还露出了椭圆形的脑袋，原来是一条小蛇呀。你们看小蛇笑嘻嘻的，我们一起跟它打个招呼吧。小蛇，你好！

（二）引导幼儿学习“小蛇走路”。

引导语：小蛇是怎么走路的？（扭呀扭）小蛇扭呀扭呀扭来了，我们一起跟着音乐来学一学小蛇走路吧。小蛇身体细细长长的，尾巴、身体、头一起扭起来。这边扭一扭，那边扭一扭，嘴巴张开扭一扭。

二、自主阅读，初步了解绘本内容。

（一）出示绘本环衬，引发猜想。

提问：小蛇扭着扭着，发现肚子有点饿了，这时候小蛇扭到了哪里呀？（果园）你从哪里看出这是果园？

（二）阅读第 1～4 页，提出阅读要求。

1. 朗读故事内容并提问。

提问：①好饿的小蛇扭来扭去，它发现了什么？②这是一个什么样的苹果呢？谁来说说？（一个圆圆的苹果）③谁来猜猜好饿的小蛇会怎么做呢？

小结：好饿的小蛇，张开嘴巴：“啊呜——咕嘟！啊——真好吃。”嚼都没嚼，一口就把苹果吞下肚了。我们一起来张大嘴巴学学小蛇吃苹果的样子。

2. 提出阅读要求。

引导语：好饿的小蛇还会继续往前扭，它还会发现哪些好吃的呢？请小朋友们在书里找找答案吧。

阅读要求：小朋友们一页页轻轻翻，仔细观察小蛇吃了哪些东西、肚子变成了什么样。

三、结合图表，引导幼儿大胆表述图书内容。

《好饿的小蛇》梳理图

（一）提问：①小蛇扭来扭去还发现了哪些好吃的呀？（香蕉、饭团、葡萄、菠萝）②那是什么样的香蕉（饭团、葡萄、菠萝）呢？③好饿的小蛇太饿了，嚼都没嚼就把香蕉（饭团、葡萄、菠萝）吃到了肚子里，肚子变成了什么样？像什么？

（二）根据幼儿的回答将图卡逐一粘贴在梳理图上。

四、阅读第六天小蛇发现食物的画面，鼓励幼儿大胆猜想。

提问：①这天好饿的小蛇发现了什么？（一棵结满红苹果的树）②你们来猜猜，好饿的小蛇会怎么样？③咦？红苹果树呢？在哪里？看看你们能不能找到。

五、完整共读绘本。

活动延伸

阅读区：将绘本《好饿的小蛇》投放在阅读区供幼儿自主阅读。

（设计者：姚雨桐）

圆形骨碌碌（小班）

设计意图

《圆形骨碌碌》，利用朗朗上口的童谣式语言描绘了圆形的组合变化。绘本中不同大小、不同颜色的圆形，通过不同的组合，变成了生活中常见的物品。对于小班幼儿来说，圆形是他们很熟悉的形状，因此这本书适合小班幼儿阅读。教师将利用不同大小、不同颜色的圆形，让幼儿在理解图书内容的基础上，激发幼儿想象和创造。

《圆形骨碌碌》封面

活动目标

1. 能理解绘本的内容，大胆猜测圆形组合的结果。

2. 感受图形组合变化带来的乐趣。

活动准备

经验准备：幼儿已认识圆形。

材料准备："圆形变魔术"课件，绘本《圆形骨碌碌》幼儿人手一本。

活动过程

一、播放课件"圆形变魔术"，导入图书。

（一）播放课件"圆形变魔术"，引起幼儿的兴趣。

引导语：老师带来了许多圆形，它们要给小朋友变个魔术，请你们猜猜看，它们会变成什么？

（二）导入图书《圆形骨碌碌》。

引导语：这本书里也藏着许多小圆，我们一起来看看它们变成了什么。

二、师幼共读绘本，引导幼儿观察不同圆形组成的图案。

（一）讲述1～8页的内容：黄色的圆、白色的圆、红色的圆，骨碌、骨碌、骨碌碌。哎呀呀，变成了糯米团。紫色的圆、紫色的圆，骨碌、骨碌、骨碌碌。哎呀呀，变成了大葡萄。

提问：①这些圆形一样吗？哪里不一样？②它们组合在一起变成了什么？

（二）引导幼儿观察第1～2、5～6页除了圆形以外的图案，理解"骨碌、骨碌、骨碌碌"表示滚动的意思。

提问：①除了有圆形，还有些什么图案？这些图案表示什么？②书里用了一个好听的词，是怎么说的？

三、幼儿带着问题阅读第9～10、13～14页，教师观察指导。

（一）提出问题。

提问：又来了许多的圆，它们各有不同，你们猜猜看，它们会变成什么呢？

（二）幼儿自主阅读，教师观察指导。

观察要点：幼儿通过阅读是否知道圆形有哪些不一样的地方、除了圆形还有什么。

（三）引导幼儿大胆想象并表述猜测的结果。

提问：①你看到了什么样的圆形？②除了圆形还有什么图案？它们会变成什么？

（四）完整讲述第9～16页图书内容：绿色的圆、黑色的圆，扭呀扭。哎呀呀，变成了毛毛虫。红色的圆、黑色的圆，小小步子走不停。哎呀呀，变成了瓢虫。

四、引导幼儿阅读第 17～26 页，观察并尝试用自己的语言表述绘本内容。

提问：①你们看到了什么样的圆？②猜猜看，它们会变成什么？

五、完整阅读，感受圆形变化的乐趣。

引导幼儿完整阅读绘本，欣赏并感受圆形组合变化成不同图案的乐趣。

活动延伸

美工区：提供不同颜色、不同大小的圆形以及胶棒、背景纸等材料，引导幼儿进行圆形拼贴画。

语言区：引导幼儿将自己的圆形拼贴画展示在语言区，并用语言大胆地向同伴介绍。

（设计者：许 婕）

大卫，不可以（小班）

设计意图

《大卫，不可以》讲述的是一个淘气、可爱的小男孩和他妈妈的故事：大卫会爬高爬低，会弄得全身是土，会玩水，会玩食物……会做很多让妈妈生气的事情，把家里搞得一团糟。对于小班的幼儿来说，绘本的画面生动有趣，内容贴近他们的生活。教师开展阅读活动，希望幼儿能够通过观察或模仿大卫的行为，推测并模仿大卫妈妈可能会说的话和可能会做的动作，并在完整阅读绘本以后，能够尝试探究大卫妈妈为什么一直对大卫说“不可以”，迁移自己的生活经验，感受大卫妈妈对大卫浓浓的爱，懂得妈妈的批评也是爱。

活动目标

1. 能仔细观察画面，了解大卫的行为，猜测大卫妈妈的言行。
2. 能观察、模仿大卫妈妈或大卫的动作，大胆表达自己的想法。
3. 感受妈妈对孩子浓浓的爱，懂得妈妈的批评也是爱。

活动准备

经验准备：幼儿已阅读过此绘本。

材料准备：绘本《大卫，不可以》幼儿人手一本。

活动过程

一、出示绘本的封面，介绍大卫，激发幼儿的阅读兴趣。

（一）出示绘本的封面，介绍大卫。

引导语：我们今天一起认识一个新朋友，对的！他叫大卫。

（二）引导幼儿观察大卫的外形与动作，并引出绘本。

引导语：请你们看一看，大卫长什么样？（圆圆的脑袋、尖尖的牙齿等）他在干什么？（抓鱼缸）

二、师幼共读绘本封面至第4页，观察、模仿大卫妈妈或大卫的动作，大胆表达自己的想法。

（一）师幼共读扉页，引导幼儿猜测大卫妈妈可能会说的话，模仿大卫妈妈的动作。

引导语：哪个小朋友愿意学一学大卫妈妈的动作？

（二）师幼共读第1、2页，引导幼儿观察画面，猜测大卫妈妈可能会说的话。

提问：①大卫想干什么？（拿饼干罐）他怎么做的？（踩在椅子上）②这样做，可能会发生什么事情？（摔倒）③大卫妈妈看到了会对他说什么？（大卫，不可以）

（三）师幼共读绘本第3、4页，引导幼儿模仿大卫妈妈可能说的话和可能做的动作。

1. 提问：大卫怎么了？

2. 鼓励幼儿模仿大卫妈妈可能说的话和可能做的动作。

引导语：看到这样的大卫，大卫妈妈可能会说什么、做什么？我请一个小朋友上来模仿一下。

三、幼儿自主阅读绘本第5～20页，了解大卫不同的行为。

引导语：大卫后面又做了哪些事情？请小朋友们自己看书，从书中寻找答案。

幼儿自主阅读，教师观察指导。

观察要点：幼儿是否逐页翻看图书，翻页方式是否正确；幼儿能否说出大卫做了什么事情；幼儿能否猜测大卫妈妈会说什么。

四、集中交流，引导幼儿通过模仿大卫妈妈，感受大卫妈妈对大卫浓浓的爱。

（一）提问，引导幼儿模仿大卫妈妈可能说的话和可能做的动作。

1. 提问：大卫还做了哪些事情？（挖鼻孔、玩水、玩食物、光溜溜等）大卫妈妈可能会说什么、做什么？（大卫，不可以）

2. 引导幼儿模仿大卫妈妈可能说的话和可能做的动作。

引导语：我请一个小朋友上来模仿一下大卫妈妈。

（二）重点阅读绘本第 21～27 页，感受大卫妈妈对大卫浓浓的爱。

1. 出示绘本第 23、24 页，引导幼儿猜测大卫妈妈会说什么。

（1）提问：①这一页发生了什么事情？（大卫打破花瓶了）②大卫的心情是什么样的？（难过、害怕、伤心……）

（2）引导幼儿猜测。

引导语：大卫打破了大卫妈妈喜爱的花瓶，大卫妈妈可能会对大卫说什么？（我说过，大卫，不可以）

2. 出示绘本第 25～27 页，验证猜测结果。

（1）引导语：大卫妈妈会像你们猜测的一样非常生气，批评大卫吗？我们一起来看一看。

（2）教师朗读绘本文字：宝贝，来这里！大卫乖……我爱你！

（3）提问：大卫妈妈是怎么做的？（抱一抱大卫）为什么大卫妈妈没有批评大卫？（因为妈妈爱他）

（三）引导幼儿带着问题，完整阅读绘本，懂得妈妈的批评也是爱。

1. 提出问题。

引导语：我们完整看一遍这本书，一边看一边想一想大卫妈妈爱不爱大卫。

2. 幼儿完整阅读绘本。

3. 小结：虽然大卫妈妈经常批评大卫，但那是因为妈妈很爱他，怕他做危险的动作受伤，怕他不穿衣服生病。大卫妈妈很爱大卫。

活动延伸

阅读区：将绘本投放到阅读区，供幼儿继续阅读。

家园共育：引导家长和幼儿继续共同阅读。

（设计者：李璐瑶）

一步一步，走啊走（小班）

《一步一步，走啊走》封面

设计意图

绘本《一步一步，走啊走》画面简单、内容生动有趣。该书从幼儿的视角出发，围绕一个小男孩模仿小动物走路而展开。书中夸张的肢体动作、可爱的小动物，非常符合小班幼儿喜欢小动物、爱模仿的年龄特征以及学习方式。教师希望引导幼儿仔细观察画面，了解并模仿小动物的走路特点，体验故事中的诙谐幽默。

活动目标

1. 仔细观察画面，了解并模仿小动物的走路特点。

2. 体验故事的诙谐幽默。

活动准备

经验准备：幼儿已观察并了解乌龟、鸭子、兔子、鸵鸟、老虎等动物的走路姿势。

材料准备：配对卡，绘本《一步一步，走呀走》幼儿人手一本。

活动过程

一、出示绘本封面，导出绘本。

引导语：有一个小弟弟，他想去参加森林运动会。他呀，一步一步走啊走，一步一步走啊走，发生了什么事情呢？

二、集体阅读绘本第1～4页，理解绘本前半部分内容。

（一）导入绘本第1、2页。

提问：①小男孩怎么走的呢？（一步一步走啊走……）②他看见了谁？（大乌龟）

（二）阅读绘本第3页。

1. 提问：①大乌龟是怎样走路的？（爬呀爬）大乌龟是快快地爬还是慢慢地爬？（慢慢地爬）②看到大乌龟爬呀爬，小男孩会怎么做呢？（像大乌龟一样慢慢爬）

2. 鼓励幼儿大胆模仿乌龟爬行的动作。

三、幼儿带着问题阅读第4～10页，教师观察指导。

（一）引导语：接下来又有谁来了？他们又会怎么走路？答案都在这本书里，这本书的名字叫“一步一步，走啊走”，请小朋友自己去书里看一看、找一找。

（二）提醒幼儿按顺序阅读，交代阅读要求：食指拇指碰一碰，我把小书轻轻翻，一页一页认真看，书里藏着小秘密。

（三）幼儿自主阅读，教师观察指导。

观察要点：幼儿是否喜欢并专注阅读，能一页一页翻看绘本；能否仔细观察画面，发现动物的走路特点。

四、师幼共同梳理绘本第4～10页，并大胆猜测故事结尾。

（一）出示配对卡，梳理小男孩遇到动物并模仿动物走路的过程。

提问：①小男孩遇到了谁？他们是怎么走路的？（爬、走、跳……）②大乌龟出现了，小男孩学谁？大白鸭出现了，小男孩和大乌龟又学谁？……

小结：小男孩和动物都很喜欢模仿，谁出现就学谁走路。

（二）师幼共同大胆猜测故事的结局。

提问：①小男孩和动物们走着走着，表情变成什么样了？（害怕）②动物们为什么这么害怕，是谁来了？（老虎）③老虎来了，怎么办？他们会怎么逃跑呢？（爬、走、跳……）

五、师幼完整阅读。

活动延伸

阅读区：将绘本投放到阅读区，供幼儿继续阅读。

表演区：提供乌龟、鸭子、兔子、鸵鸟、老虎等动物头饰，供幼儿自主表演。

（设计者：黄华珍）

早餐，你喜欢吃什么？（小班）

设计意图

《早餐，你喜欢吃什么?》画面简单、文字重复、形象生动可爱，适合小班幼儿阅读。书中以"早餐，如果你喜欢吃……那么——你可能是……"的句式，根据准备的早餐猜测动物，答案从一个变成多个，最后从动物变成小宝宝，让人觉得在意料之中又在意料之外，充满着惊喜。

《早餐，你喜欢吃什么?》封面

教师准备采用猜测、推理的方法帮助幼儿观察、理解画面内容，引导幼儿进行联想，大胆表达自己的猜测结果；希望通过图谱梳理的方式帮助幼儿建立各种早餐和动物（人）的关系。

活动目标

1. 能观察、理解画面内容，根据早餐画面进行联想和猜测。
2. 能简单描述画面，大胆表达自己的想法。
3. 喜欢阅读，能逐页翻阅图书。

活动准备

经验准备：幼儿对常见动物的生活习性有一定的了解。

材料准备：课件，绘本《早餐，你喜欢吃什么?》幼儿人手一本，梳理表格和相关图片。

活动过程

一、以谈话"早餐，你喜欢吃什么?"引入绘本，激发幼儿的兴趣。

（一）以谈话"早餐，你喜欢吃什么?"导入活动。

引导语：早餐，你喜欢吃什么?

（二）引入绘本。

引导语：小朋友们口味不同，吃的早餐也不一样。今天，老师带来一本绘本，名字叫“早餐，你喜欢吃什么？”。

二、阅读绘本第1～5页，帮助幼儿理解画面内容。

（一）师幼共读。

1. 阅读第1～3页，教师提问。

（1）提问：早餐准备了什么？（鱼）最喜欢吃鱼的可能是谁？

（2）讲述图书内容：早餐，如果你喜欢吃鱼，那么——你可能是一只猫。

（3）提问：你是怎么看出来猫喜欢吃鱼的？

2. 阅读第4～5页，教师提问。

引导语：又准备了什么早餐？让我们接着看书。

（1）提问：现在又准备了什么早餐？（骨头）如果喜欢吃骨头，那么，它可能是谁？

（2）讲述图书内容：早餐，如果你喜欢吃骨头，那么——你可能是一只狗。

（3）提问：你是怎么看出来狗喜欢吃骨头的？

（二）出示梳理表格，梳理鱼和骨头分别是谁喜欢的早餐。

三、幼儿带着问题自主阅读绘本第6～13页，教师观察指导。

（一）提出问题。

引导语：早餐，还准备了花生、胡萝卜、香蕉、蜂蜜，这些是谁喜欢吃的早餐呢？

《早餐，你喜欢吃什么？》部分内容梳理图

（二）幼儿自主阅读，教师观察指导。

观察要点：幼儿是否能认真观察画面，理解画面内容；幼儿是否能简单描述画面，大胆表达自己的猜测；幼儿是否能逐页翻阅图书。

四、幼儿围绕绘本第6～13页进行交流，教师结合表格梳理绘本内容。

（一）提问：喜欢吃这些早餐，可能是谁呢？

（二）讲述绘本第6～13页内容。

五、阅读绘本第14～22页，帮助幼儿理解画面内容。

（一）师幼阅读绘本第14～16页。

1. 提问：①早餐还准备了青草。喜欢吃青草的，可能是谁呢？②早餐，如果爱吃青草，那么，你可能是谁？或者是谁？

2. 讲述绘本内容：早餐，如果你喜欢吃青草，那么——你可能是一头牛，或者是一只羊，或者是一匹马，或者是一头大象。

（二）师幼阅读绘本第17～19页。

1. 提问：①早餐，还准备了什么？（虫子）谁喜欢吃虫子？②早餐，如果你喜欢吃虫子，那么，你可能是谁？也可能是谁？还可能是谁？

2. 讲述绘本内容：早餐，如果你喜欢吃虫子，那么——你可能是一只鸡，也可能是一只鸭，还可能是一只鸟。

（三）师幼阅读绘本第20～22页。

1. 提问：早餐，还准备了什么？（面包、鸡蛋、牛奶）这是谁喜欢吃的？

2. 讲述绘本内容：早餐，如果你喜欢吃面包、鸡蛋和牛奶，那么，你应该就是爸爸妈妈的好宝宝了。

3. 小结：宝宝把早餐吃光了，他很喜欢这份早餐。早餐很重要，我们一定要好好吃爸爸妈妈精心给我们准备的早餐。

六、师幼完整阅读绘本《早餐，你喜欢吃什么？》。

活动延伸

阅读区：将绘本投放到阅读区，供幼儿继续阅读；投放动物、食物等图片，让幼儿操作，续编故事。

科学区：将动物和食物图片投放到科学区，让幼儿进行配对。

（设计者：陈晓玲）

幼儿园我来啦（小班）

设计意图

《幼儿园我来啦》这本绘本，画面简洁干净、色彩明亮，内容贴近幼儿生活。作者运用圆点来代表幼儿园里的小朋友，讲述了幼儿园里的故事。书中通过圆点们的不同色彩、不同大小以及有趣的排列形式等，将幼儿园里充满童趣的游戏、丰富多彩的幼儿园生活展现出来。在两次的绘本《幼儿园我来啦》阅读活动中，教师将通过集中阅读、自主阅读和游戏等策略，让幼儿理解不同圆点代表了不同的角色、不同的排列代表了幼儿园里不同的有趣的故事，并结合幼儿的生活经验，让幼儿发挥想象，大胆表达。

《幼儿园我来啦》封面

第一次活动

活动目标

1. 乐于观察画面，理解不同圆点代表不同的角色。

2. 能发挥想象，尝试表述圆点呈现的画面内容。

3. 感受圆点们在幼儿园里幸福快乐的生活。

活动准备

材料准备：课件，蓝圆点和粉红圆点卡片若干（背面贴有磁铁，可在黑板上移动），黑板，绘本《幼儿园我来啦》幼儿人手一本。

活动过程

一、出示蓝圆点、粉红圆点卡片，导入绘本。

（一）出示蓝圆点、粉红圆点卡片，引导幼儿认识。

提问：它们是谁呀？它们是什么颜色的？它们是什么形状的？（它们是蓝圆点和粉红圆点）

（二）引导幼儿理解蓝、粉红圆点代表不同的角色。

1. 引导语：蓝圆点和粉红圆点是幼儿园里的小朋友，它们每天都去上幼儿园。

2. 提问：你猜猜看，它们谁是男孩子？谁是女孩子？（蓝圆点代表男孩子，粉红圆点代表女孩子）

（三）导入绘本。

引导语：今天老师带来一本书，是关于它们上幼儿园的故事，我们一起来读一读这本书吧。

二、阅读封面及第2～16页，理解画面内容。

（一）阅读封面，认识书名。

1. 提问：这是书的封面，你在封面上看到了什么？（蓝圆点、粉红圆点、紫色圆点，以及一些五颜六色的小点点）

2. 小结：封面上有很多的圆点，圆点们都要去上幼儿园。这本书的名字叫“幼儿园我来啦”。

（二）阅读第2页。

1. 引导语：在幼儿园的操场上，小朋友们玩得多么开心！

2. 提问：你觉得它们在玩什么游戏呢？

（三）阅读第4页。

1. 引导语：圆点们玩了很多的游戏，它们还会玩什么？怎么玩？我们往下看一看。

2. 提问：你看到了什么？它们是怎么玩游戏的？（蓝圆点、粉红圆点分开玩，男孩子和男孩子一起玩，女孩子和女孩子一起玩）

3. 邀请两名幼儿根据绘本内容在黑板上移动圆点卡片，加深幼儿对画面的理解。

（四）阅读第6页。

1. 提问：男孩子和女孩子都是分开玩的吗？玩着玩着发生了什么？（蓝圆点跑到粉红圆点那儿去了）

2. 播放课件中的动画：一个蓝色圆点跑到粉色圆点中间。

3. 小结：哦，偶尔会有男孩子跑进女孩子们中间，想和女孩子们一起玩，对吗？女孩子也会跑进男孩子们中间，想和男孩子们一起玩。谁来移动黑板上的蓝圆点，将一个蓝圆点挪动到粉红圆点中间？

4. 邀请一名幼儿根据绘本内容在黑板上移动圆点卡片，加深幼儿对画面的理解。

（五）阅读第 8 页。

1. 提问：我们继续看看，接下来它们玩什么游戏？

2. 引导语：有时候我们三三两两比赛弹玻璃球。

（六）阅读第 10 页，引导幼儿玩圆圈游戏。

1. 提问：在操场上还会玩什么游戏呢？它们现在在做什么？（圆点们围成一个圆圈做游戏）

2. 邀请第一排幼儿围成圆圈做游戏，由幼儿自主决定玩什么游戏。

引导语：现在请第一排的小朋友手拉手围成圆圈做游戏吧，你们想玩什么？

（七）阅读第 12 页，引导幼儿自由游戏。

1. 提问：接下来它们玩什么游戏呢？（开火车）

2. 邀请第二排幼儿根据第 12 页画面内容玩游戏，由幼儿自主决定玩什么游戏。

（八）阅读第 14 页。

提问：它们玩着玩着谁来了？（大班的哥哥姐姐来了）哥哥姐姐来了之后发生了什么事？

（九）阅读第 16 页。

提问：老师来了后，会说些什么？（小孩子们来这边，大孩子们去那边）

三、阅读绘本第 1～16 页，感受圆点们在幼儿园里生活的快乐。

引导语：接下来我们一起来阅读绘本的前面部分。

小结：蓝圆点和粉红圆点在它们的幼儿园里玩了很多的游戏，发生很多有趣的事，它们玩得开心吗？它们还有很多有趣的故事，等下一次活动的时候我们再来阅读吧。

活动延伸

阅读区：将绘本投放到阅读区，供幼儿继续阅读。

第二次活动

活动目标

1. 自主阅读，理解紫色圆点在绘本中的意义。

2. 能发挥想象，大胆表述紫色圆点的故事。

3. 喜欢上幼儿园，感受幼儿园生活的快乐。

活动准备

材料准备：课件，蓝圆点、粉红圆点和紫色圆点卡片若干（背面贴有磁铁，可在黑板上移动），黑板，绘本《幼儿园我来啦》幼儿人手一本，幼儿在园生活、游戏的照片。

活动过程

一、出示紫色圆点，引导幼儿讨论紫色圆点是谁。

（一）展示书的封面，引导幼儿进行观察。

（二）提问：封面上除了蓝圆点、粉红圆点，还有什么不同颜色的点？它是谁？

（三）小结：紫色圆点的大小和蓝圆点、粉红圆点一样，说明它也是小朋友，不过颜色不一样，那它可能是一个特别的小朋友。

二、幼儿自主阅读第18～24页，初步理解关于紫色圆点的故事。

（一）引导语：紫色圆点的特别在哪里呢？我们从第18页继续往下阅读，找找答案。

（二）提问：紫色圆点在做什么？它会想些什么？会说些什么？

（三）请幼儿说一说紫色圆点在做什么、想什么、会说些什么。（当幼儿说到紫色圆点在做什么的时候播放那一页的课件，共同探讨画面内容，激发幼儿大胆想象与表述）

三、完整阅读绘本，进一步理解绘本内容。

引导语：接下来我们一起来完整阅读绘本。这是封面，《幼儿园我来啦》，食指拇指碰一碰，轻轻翻到下一页……

四、播放幼儿在园生活、游戏的照片，引导幼儿感受幼儿园生活的快乐。

（一）引导语：蓝圆点、粉红圆点和紫色圆点在它们的幼儿园里玩了很多的游戏，发生很多有趣的事，你们在幼儿园里有没有玩很多游戏呢？

（二）提问：接下来看看你们在幼儿园里生活和游戏的照片吧，这时候你们在玩什么？你们玩得开心吗？你喜欢我们的幼儿园吗？幼儿园里的生活开心吗？

（三）小结：圆点们在它们的幼儿园很开心，你们在幼儿园也很开心。

活动延伸

阅读区：继续将绘本投放到阅读区，供幼儿继续阅读。

语言区：在语言区投放圆点，供幼儿自由拼摆，讲述故事，创编故事。

（设计者：杨建明）

爸爸的秘密（小班）

设计意图

《爸爸的秘密》的主人公是一只善良、贪玩、可爱的小鸡——叫叫。书中描述了当叫叫听到小伙伴们炫耀各自爸爸的本领时，他感到失望难过；当叫叫发现爸爸有叫醒太阳的本领时，他感到骄傲和自豪。绘本刻画了父与子之间浓浓的亲情，传递了爱和被爱的温馨情感。

《爸爸的秘密》封面

爸爸是幼儿成长过程中不可或缺的榜样。开展本次亲子阅读活动，教师将请爸爸们走进幼儿的课堂。首先，请爸爸们藏在幕后倾听，了解幼儿心目中的自己；然后，通过亲子共读，促进父子间的情感交流；最后，为爸爸们提供展示本领的舞台，加深幼儿对自己爸爸的喜爱、崇拜之情。活动可以让爸爸们认识到自己在孩子心中独特的、无可取代的地位，加深亲子间的情感交流。

活动目标

1. 能仔细观察画面，大胆猜测叫叫和小伙伴的对话内容。
2. 亲子共读，围绕绘本内容展开交流和讨论。
3. 体验亲子共读的快乐，促进父子间的交流。

活动准备

经验准备：爸爸们准备可以展示的一项本领。

材料准备：图示，绘本《爸爸的秘密》幼儿人手一本，爸爸们事先藏在幕布后方。

活动过程

一、出示封面，引出绘本。

引导语：封面上有谁？（叫叫）今天老师带来一本关于小鸡叫叫的绘本，名字叫“爸爸的秘密”。

二、阅读绘本第1～3页，激发幼儿自主阅读的兴趣。

（一）引导语：叫叫的爸爸有什么样的秘密呢？让我们一起到书里去看一看。

（二）讲述绘本第1～3页的内容。

三、幼儿自主阅读绘本第4～13页，教师通过图示帮助幼儿理解画面内容。

（一）引导语：哦，原来小动物们在炫耀爸爸的本领呢！他们的爸爸有哪些本领呢？请你们到绘本中找一找、看一看。

（二）幼儿自主阅读绘本。

观察要点：幼儿能否用正确的方式翻阅图书，能否读懂画面的内容。

（三）提问，并通过图示帮助幼儿梳理画面内容。

提问：①小狗（小马、小猪）的爸爸有什么本领？（贴出相应图示）②叫叫觉得爸爸的本领是什么？（会飞）③小动物们同意他的观点吗？你从哪里看出来的？（小动物们哈哈大笑、小狗打着滚笑、叫叫表情难过）

四、引导幼儿说说爸爸的本领，邀请爸爸们入场与幼儿互动交流。

（一）引导语：想不出爸爸的本领让叫叫觉得很难过，叫叫特别希望自己的爸爸有很棒的本领。

（二）提问：你的爸爸有什么本领或特别了不起的地方？

教师鼓励幼儿结合日常生活的事例，大胆讲述爸爸的本领。

（三）邀请爸爸们出场与幼儿互动交流。

引导语：说了爸爸这么多的本领，你想他了吗？闭上眼睛，老师要给你一个惊喜！（请爸爸们出场）

（四）提问家长：当你听到孩子介绍你的本领时，你有什么样的感受？有什么想对孩子说的话吗？

五、亲子共读绘本第14～25页，交流对绘本的理解和感受。

（一）引导语：回家后，叫叫认真观察，想找到爸爸的本领，他找到了吗？叫叫爸爸的本领是什么呢？请爸爸和孩子一起到书里去寻找答案。

（二）亲子共同阅读绘本第14～25页。

观察要点：父子在共读过程中是否围绕绘本内容进行交流，爸爸能否在阅读过程中给予孩子适当的支持和帮助。

（三）提问：①叫叫的爸爸有什么本领？（叫醒太阳）②叫叫发现爸爸的本领时心情是怎样的？你是从哪里看出来的？

六、请爸爸们展示"爸爸的秘密"，在快乐的氛围中小结，结束活动。

（一）邀请爸爸们展示自己的本领，加深幼儿对爸爸的崇拜与喜爱。

引导语：叫叫知道了自己爸爸的本领非常高兴，今天爸爸们也要展示他们的本领，你们想不想看？

（二）小结，结束活动。

小结：孩子们，原来你们的爸爸也有本领，快亲亲抱抱你能干的爸爸！亲爱的爸爸们，你们是孩子心目中的超级英雄和永远的依靠，希望爸爸们能抽出更多的时间来陪伴孩子，参与孩子的成长过程。

活动延伸

阅读区：将绘本投放到阅读区，供幼儿继续阅读；收集爸爸的工作照并展示，让幼儿介绍爸爸的本领。

家园共育：定期推荐适合父子共读的图书。

（设计者：徐燕华）

克里克塔（中班）

设计意图

绘本《克里克塔》内容有趣。本次活动，希望采用自主阅读和图片梳理的方式，引导幼儿理解波特太太和克里克塔友好地共同生活、克里克塔到学校与孩子们共同游戏、克里克塔帮助波特太太捉小偷三件事情，让幼儿逐步认识这条聪明、体贴、机智又勇敢的蛇，感受到人与动物和谐相处的美好情感。

活动目标

1. 观察画面，理解绘本讲述的有趣故事。

2. 体验绘本的风趣和幽默。

3. 感受人与动物和谐共处的美好情感。

活动准备

材料准备：《克里克塔》绘本幼儿人手一本，课件。

《克里克塔》封面

活动过程

一、师幼共读绘本第3～7页。

（一）师幼共读第3～6页，提出问题。

1. 讲述图书内容：从前，在法国的小镇上，住着一个老太太，大家都叫她波特太太。她有一个儿子，在巴西研究爬行动物。一天，邮递员送来了一个奇怪的包裹。

2. 提问：①波特太太一个人生活，心里会有什么样的感觉呢？②这个奇怪的包裹会是什么呢？

（二）幼儿自由猜测。

（三）师幼共读第7页。

讲述图书内容：波特太太打开包裹，就“啊”地尖叫起来。原来里面装着一条蛇，是儿子送给她的生日礼物。

二、幼儿自主阅读绘本第8～16页，教师观察指导。

引导语：波特太太能不能和蛇变成好朋友呢？会发生什么样的事情呢？

观察要点：幼儿是否仔细观察画面，了解波特太太和蛇在生活中发生的各种有趣的事情；幼儿能否感受波特太太和蛇的相亲相爱。

三、围绕绘本第8～16页进行交流。

（一）提问：①波特太太和蛇生活在一起，分别做了什么事情呢？②他们之间相处得如何？

（二）小结：波特太太和蛇成了一对相亲相爱的好朋友。他们互相照顾着，幸福地生活在一起。

四、幼儿自主阅读绘本第17～25页，感受小蛇的身体变化。

（一）幼儿自主阅读，教师观察指导。

引导语：波特太太是学校老师。有一天，她带克里克塔去上课。请小朋友阅读图书，看看克里克塔在学校会发生什么有趣的事情。

观察要点：幼儿能否看懂画面中的符号信息，知道蛇去学校后发生的趣事。

（二）围绕绘本第17～25页进行交流。

1. 提问：克里克塔去学校后发生了什么有趣的事情？

2. 讲述第18～21页内容：克里克塔马上就学会了用自己的身体模仿字母，还会用自己的身体来数数。

3. 提问：①你能用身体变出字母和数字吗？谁愿意来试试？②你觉得孩子们喜欢这条蛇吗？为什么？

4. 小结：蛇用自己长长的、可以变化的身体和孩子们玩滑滑梯，玩跳绳，野营时它教孩子们打绳结，帮助孩子们取风筝，所以孩子们都很喜欢它。

五、师幼共同阅读绘本第26～32页，了解故事的结局。

（一）师幼共读第26～29页。

引导语：镇上来了小偷，有一天小偷来到波特太太家。

提问：①克里克塔是怎么抓住小偷的？②你觉得克里克塔表现得怎么样？

（二）讲述第30～32页图书内容：因为它勇敢的表现，克里克塔获得了英雄勋章。雕塑家还为它雕塑了一座铜像。整个小镇的人们都很喜欢它，还把一座公园命名为“克里克塔”。克里克塔一直幸福地生活在这里……

六、引出书名，引导幼儿完整阅读，加深对故事主人公克里克塔的理解。

引导语：这本书的名字叫“克里克塔”。我们一起完整地阅读一遍，边读边想，你觉得克里克塔是一只什么样的蛇？为什么？

活动延伸

阅读区：将绘本投放到阅读区，供幼儿继续阅读；提供毛根等材料，引导幼儿用毛根变成各种字母和数字。

（设计者：张铃枫）

没关系呀！（中班）

设计意图

《没关系呀！》是一本形象可爱、画面色彩鲜艳的绘本，讲述了一个小姑娘与许多小动物进行比一比的故事。书中的小姑娘分别针对不同的小动物提出了一个特别的问题，但是都被这些小动物们轻松地回答了。“没关系呀!”是日常生活中小朋友们之间会说的一句很普通的话。这本书从不一样的角度，阐述了“没关系呀!”的意义。

《没关系呀!》封面

开展《没关系呀!》的阅读活动，教师希望采用幼儿自主对话、表演等方式为幼儿梳理绘本内容，帮助幼儿建立起自信心，并正确认识和对待自己的优缺点。

活动目标

1. 仔细观察绘本画面，理解绘本的内容。

2. 感受人与人的不同，知道自己是独一无二的。

活动准备

材料准备：课件，绘本《没关系呀!》幼儿人手一本。

活动过程

一、欣赏封面，导入绘本。

引导语：今天我们一起来看一本书，这本书的名字叫“没关系呀!”。平常生活中，我们也会说这句话。今天书里的这句“没关系呀!”是谁对谁说的呢？让我们一起来看一看吧。

二、阅读第1～8页，了解绘本前半部分的内容。

（一）阅读第1～4页。

1. 讲述图书内容：小蚂蚁，你真小。没关系呀！嘿呦嘿呦，看我力气多大。

2. 提问：①这句“没关系呀!”是谁对谁说的？②小姑娘说了什么？③为什么小蚂蚁觉得“没关系呀!”?

3. 小结：小姑娘说小蚂蚁的身体小，可是小蚂蚁觉得自己身体小，没关系呀，因为自己力气很大。

（二）阅读第5～8页。

1. 提问：小姑娘看见了谁？小姑娘会对小刺猬说什么？

2. 讲述图书内容：小刺猬，你刺真多。

3. 提问：①小姑娘和小刺猬比了什么？②你们猜，小刺猬会怎么回答？

4. 讲述图书内容：没关系呀！骨碌骨碌，欺负我时我才扎。

三、幼儿带着问题阅读第 9～20 页，教师观察指导。

（一）提出问题。

提问：接下来，小姑娘还遇到许多小动物，请你们一边看一边猜，小姑娘和这些小动物比了什么？

（二）幼儿自主阅读，教师观察指导。

观察要点：幼儿翻书方式是否正确，幼儿能否仔细观察画面的细节，幼儿能否根据画面内容进行简单的对话。

四、围绕绘本第 9～20 页进行交流。

（一）提问：①小姑娘遇见了谁？小姑娘和它比了什么？②它会怎么回答小姑娘？

（二）根据幼儿的回答，梳理绘本的内容。

（三）邀请幼儿表演对话内容。

五、阅读第 21～26 页，了解绘本后半部分的内容。

（一）阅读第 21～24 页。

1. 讲述图书内容：我够得高。我跑得快。我身子灵活。我并不可怕。我力气够大。那你呢，小不点？

2. 提问：猜猜，小姑娘会怎么回答这些小动物呢？

（二）阅读第 25～26 页。

1. 提问：图上的小姑娘是什么表情啊？谁愿意来模仿一下。

2. 讲述图书内容：没关系呀！我笑得比谁都开心。

六、完整阅读绘本，理解“没关系呀！”的意义。

（一）引导幼儿完整阅读绘本《没关系呀！》。

（二）延伸情感，理解“没关系呀！”的意义。

1. 提问：如果这五只小动物想和你比一比，你会怎么回答它们呢？

2. 小结：虽然每个人都会有自己的缺点，但也都有与众不同的优点。我们要相信自己，不要羡慕别人。

活动延伸

阅读区：将绘本投放到阅读区，供幼儿继续阅读；提供纸笔，请幼儿用绘画的方式续编故事。

表演区：提供小姑娘和小动物的头饰、道具等，供幼儿自主表演。

家园共育：引导家长和幼儿继续共同阅读。

（设计者：吴妍芬）

会飞的抱抱（中班）

设计意图

《会飞的抱抱》讲述了一个非常有趣的故事：奶奶的生日快到了，小猪阿文想邮寄一个大大的拥抱给奶奶作为生日礼物。邮递员用一个接一个传递拥抱的方式将阿文的“生日礼物”传到奶奶的手中。奶奶也请邮递员捎一个又大又香的吻给小猪阿文。

开展这本书的阅读活动，教师希望采用爱心图谱和幼儿角色扮演的方式让幼儿理解邮寄拥抱的过程，引导幼儿体会小猪阿文爱奶奶的情感以及动物邮递员们在帮助传递“礼物”过程中的快乐。

活动目标

1. 理解邮寄拥抱的过程，体会拥抱的温暖。

2. 感受小猪阿文对奶奶的爱，知道爱是可以传递的情感，是一份珍贵的礼物。

活动准备

经验准备：初步知道写信是一种交流的方式。

材料准备：课件，爱心图谱，动物挂牌，绘本《会飞的抱抱》幼儿人手一本。

活动过程

一、以“小猪阿文奶奶过生日”话题激发幼儿的阅读兴趣。

（一）谈话导入。

引导语：过几天就是小猪阿文的奶奶的生日了。小猪阿文想送一个拥抱给奶奶，如果是你，你想怎么表达拥抱？

（二）引发幼儿思考怎么把拥抱送给奶奶。

提问：小猪阿文的奶奶住在离他很远很远的外地，你们帮小猪阿文想想，怎么把这个大大的拥抱送给奶奶？

二、师幼共读绘本第 2～13 页，感受邮寄拥抱的过程。

（一）阅读第 2～6 页。

提问：①小猪阿文要寄拥抱，邮递员同意了吗？②小猪阿文寄拥抱之前要做什么？（写奶奶家的地址）③小猪阿文用什么方式寄拥抱？（小猪阿文张开手臂，给倪先生一个很大的拥抱）

（二）边讲述边引导幼儿阅读绘本第 7～13 页，感受拥抱传递的过程（小猪→小狗→小羊→小兔）。

1. 提问：他们传递拥抱的时候做了什么动作？（张开手臂，给对方一个大大的拥抱）

2. 邀请幼儿扮演不同的角色，学习用动作传递拥抱。

提问：①谁能用动作表示？②动物邮递员们传递的顺序是怎样的？（小猪→小狗→小羊→小兔）

三、引导幼儿自主阅读第 14～32 页，感受爱的拥抱。

（一）引导语：还有哪些爱心邮递员帮助小猪阿文邮寄拥抱？他们是怎么传递的？

（二）幼儿自主阅读第 14～32 页，教师观察指导。

观察要点：幼儿是否会认真阅读，读懂绘本中有哪些动物进行了爱心传递；是否大胆和同伴交流传递拥抱的过程。

（三）师幼共同梳理传递拥抱的过程。

1. 引导语：有哪些小动物帮助小猪传递拥抱？怎么传递的？

2. 出示爱心图谱，帮助幼儿梳理传递拥抱的过程。

四、情境游戏“爱的接力棒”。

（一）出示动物挂牌，激发幼儿游戏的兴趣。

引导语：你们愿不愿意来当一回邮递员，帮助小猪阿文邮寄这个抱抱？

（二）引导幼儿戴上动物挂牌扮演邮递员传递爱的拥抱。

小结：奶奶收到小猪阿文的抱抱，心里暖洋洋的。原来拥抱可以这样传递，最后奶奶也请邮递员送给小猪阿文一个吻。小猪阿文爱奶奶，奶奶也爱小猪阿文，这是一份多么珍贵的礼物！

活动延伸

阅读区：将绘本投放到阅读区，供幼儿继续阅读。

角色区：把动物挂牌投放到角色区，引导幼儿扮演邮递员进行爱心接力游戏。

（设计者：林金芳）

鸭子？兔子？（中班）

设计意图

《鸭子？兔子？》是一本幽默风趣的绘本。整本书以对话的形式展开。书中有一个既像鸭子又像兔子的形象，两个人一个认为是鸭子，一个认为是兔子，为此展开了激烈的争论。中班的幼儿自我意识增强，喜欢谈论自己感兴趣的话题，发表自己的见解，这本绘本能培养幼儿初步的辩论能力，引导幼儿学会辩证地看待问题。

开展阅读这本书的活动，教师将首先引导幼儿依据绘本中的形象展开想象，结合场景判断“这到底是什么？”；其次，引导幼儿按自己的判断分成两组，同组幼儿两两共读，一起寻找能证明自己观点的线索，并大胆表述自己的观点，说服对方。教师希望在快乐的阅读中，潜移默化地引导幼儿发现：意见分歧往往是源于观察角度的不同。

活动目标

1. 通过阅读画面信息做出自己的判断。
2. 积极参与辩论，大胆表述自己的观点。
3. 感受绘本风趣幽默的风格。

活动准备

经验准备：幼儿有用标记纸做阅读标记的经验。

材料准备：课件，绘本《鸭子？兔子？》幼儿两人一本，鸭子和兔子的标志牌、标记纸，事先遮挡最后一个画面（用回形针将该页及其前后页别起来）。

活动过程

一、出示封面，引出绘本。

引导语：今天我们要读的绘本封面有一张有趣的图，你们觉得这是什么？

（鸭子、兔子）

二、导读绘本前三个画面，引发幼儿讨论，并确立自己的观点。

（一）引导语：到底这是鸭子还是兔子呢？绘本里的两个小朋友的看法也不同。我们来看看他们是怎么说的。

（二）讲述前三个画面内容。

提问：①这两个小朋友意见一样吗？（不一样）②他们是怎么说的？（一个认为长长的是鸭子的嘴巴，另一个认为长长的是兔子的长耳朵）③你认为这是鸭子还是兔子？为什么？

（三）出示标志牌，引导幼儿按自己的判断分别站队。

引导语：看来大家的意见不一致。请觉得是鸭子的小朋友坐到鸭子的标志牌后面，觉得是兔子的小朋友坐到兔子的标志牌后面。

三、阅读绘本第四至第十三个画面，引导幼儿根据画面的信息寻找认为这是兔子或鸭子的理由。

（一）引导语：到底是鸭子还是兔子呢？你们谁也说服不了谁，绘本画面里藏着一些线索，我们一起到书里去看看。

（二）提出阅读要求：两个小朋友共读一本绘本；边看边用标记纸把认为最能说明这是兔子或鸭子的画面标记出来，跟伙伴分享交流。

（三）幼儿自主阅读绘本，教师观察指导。

观察要点：幼儿结伴阅读过程中是否结合画面内容进行讨论交流，是否用标记纸标记重点页。

（四）引导幼儿根据标记，围绕“是兔子还是鸭子”大胆表达自己观点。

1. 引导语：请小朋友说一说，你从哪一页看出它是鸭子（兔子）？

2. 用课件展示幼儿所标记的画面，并鼓励幼儿大胆阐述自己的观点。

3. 请相反意见的幼儿就同一页表达自己的观点。

（五）阅读绘本第十三个画面，请幼儿再次做出判断。

引导语：发生了什么事？你是不是跟书里的两个小朋友一样也改变了自己的想法？如果你现在改变了想法可以把座位换过来。

四、师幼共读绘本结尾，感受绘本风趣幽默的风格。

引导语：这两个小朋友终于争论完了，故事结束了吗？又发生了什么事情呢？请你取下回形针，一起来看看绘本最后一个画面。

五、完整阅读绘本。

（一）完整阅读绘本。

提问：这本绘本跟我们平时看的绘本一样吗？不一样在哪里？（对话的方式、语言幽默）

（二）小结：生活中我们也常常遇到和好朋友意见或看法不一致的时候。这时候你可以像今天一样，大胆地把自己观点说出来，让别人了解你的看法；也认真听一听朋友的意见，想想他是不是对的。

活动延伸

阅读区：提供错位图和可以两面看的图，供幼儿继续讨论交流。

家园共育：鼓励幼儿大胆表达自己的看法。

（设计者：徐燕华）

搬过来，搬过去（中班）

设计意图

《搬过来，搬过去》讲述的是鳄鱼和长颈鹿希望生活在一起，但因为身高差住进对方的房子里遇到了种种困难，最终想方设法解决困难并住在一起的故事。这本书可以启发幼儿积极面对困难、想方设法解决问题。活动准备先采用师幼共同阅读的方式引导幼儿了解鳄鱼和长颈鹿的亲密关系及想住在一起的想法；再引导幼儿自主阅读，了解它们遇到种种困难并最终解决所有困难的过程；最后在共同讨论中让幼儿理解它们积极面对困难、想方设法共同解决困难的具体情节。

《搬过来，搬过去》封面

活动目标

1. 仔细观察画面，了解鳄鱼和长颈鹿所面对的种种困难。

2. 理解绘本内容，能用较连贯的语言表述鳄鱼和长颈鹿积极面对困难、想方设法解决问题的过程。

活动准备

经验准备：幼儿对鳄鱼、长颈鹿的外形特征及生活习性等有一定的了解。

材料准备：绘本《搬过来，搬过去》幼儿人手一本，课件。

活动过程

一、观察第1页，引导幼儿比较长颈鹿和鳄鱼的身高差。

（一）引导语：请小朋友看看，画面上有谁？它们的身边有什么？它们在做什么？

（二）提问：①它们谁高？②长颈鹿比鳄鱼高多少？③它们的身高差距这么大，它们的房子高度会一样吗？

二、阅读封面到第3页，理解鳄鱼和长颈鹿之间的关系及希望住在一起的想法。

（一）阅读封面。

提问：①鳄鱼和长颈鹿在做什么？鳄鱼站在哪儿？②鳄鱼为什么要爬到梯子上？③它们之间是什么关系？

（二）阅读第1页。

提问：长颈鹿和鳄鱼在一起做什么？

（三）阅读第3页。

提问：①两位亲密的好朋友希望能在一起生活，它们搬进谁的家？从哪里看出来？②高大的长颈鹿搬进了鳄鱼的小房子会发生什么呢？

三、幼儿自主阅读绘本，了解鳄鱼和长颈鹿住进对方房子遇到的种种困难及解决办法。

引导语：两位好朋友住到对方的房子后感到舒服吗？请小朋友仔细看看书，它们遇到了哪些困难？最后解决了吗？

观察要点：幼儿能否在书中找出两位好朋友住进对方的房子后遇到的困难及解决办法，能否与同伴交流两位好朋友遇到的困难及解决办法。

四、围绕绘本，用图片梳理两位好朋友遇到的困难及解决办法。

（一）梳理长颈鹿住进鳄鱼家遇到的困难。

1. 提问：长颈鹿搬进鳄鱼的家遇到了哪些困难？

2. 用图片梳理长颈鹿住进鳄鱼家遇到的困难。

《搬过来，搬过去》梳理图一

3. 提问：①长颈鹿住在鳄鱼家舒服吗？②如果你是鳄鱼，看到自己的好朋友住得不舒服会怎么做？③它们又想出了什么办法？

（二）梳理鳄鱼住进长颈鹿的大房子遇到的种种困难。

1. 提问：①鳄鱼住进长颈鹿的大房子里就会舒服地生活下去吗？②鳄鱼遇到了哪些困难？

2. 用图片梳理鳄鱼住进长颈鹿家遇到的困难。

《搬过来，搬过去》梳理图二

3. 提问：①鳄鱼住进长颈鹿家也遇到了许多困难。它们住进对方的房子都遇到了困难，它们的心情是怎样的？②如果是你，你会怎么做？

（三）阅读绘本第 17 页。

提问：①它们在哪里，做什么？它们的表情是怎样的？②为什么这时它们感到快乐？

（四）围绕绘本第 18～25 页，梳理解决办法。

1. 提问：①小房子只适合小鳄鱼住，大房子只适合长颈鹿住，看来，它们之间的身高差距给它们带来了许多的烦恼。它们有没有放弃住在一起？②它们是怎么做的？

2. 梳理鳄鱼和长颈鹿想出的解决办法。

《搬过来，搬过去》梳理图三

（五）播放绘本最后一个画面，引导幼儿细致观察新家里的设施，发现改善后的设施解决了鳄鱼和长颈鹿生活在一起的困难。

提问：你从哪些地方可以看出这个新房子适合它们住？

五、引导幼儿给绘本取个合适的名字。

活动延伸

阅读区：将绘本投放到阅读区，供幼儿继续阅读。

（设计者：陈晓莉）

我家是动物园（中班）

设计意图

《我家是动物园》是一本充满惊喜和幽默的绘本。书中的“我”把自己和家人想象成了各种动物，并且以有趣的方式向大家介绍“我”和家人。开展阅读活动，教师希望通过导读和幼儿的自主阅读，引导幼儿观察、思考书中人物在外表和个性上与动物的相似之处，并用自己的语言学习介绍自己的家人或朋友。

《我家是动物园》封面

活动目标

1. 观察并理解人物与动物之间在外表和个性方面的相似性。
2. 感受绘本的幽默感。
3. 乐于用书中比喻的表述方式大胆介绍自己的家人或朋友。

活动准备

经验准备：幼儿已初步了解猴子、狮子、浣熊、长颈鹿、狐狸、小白兔、猫头鹰等的外形特征和生活习性。

材料准备：绘本《我家是动物园》幼儿人手一本，课件，书中人物和动物的图片。

活动过程

一、导入活动，引导幼儿阅读绘本第1～9页。

（一）出示祥太图片。

引导语：今天我们班来了一个小客人，我们一起来认识一下他。

（二）导读第2～5页。

1. 提问：①这个小男孩在做什么动作？（模仿猴子的动作）你们觉得他是个什么样的小男孩？②他是怎样介绍自己的？（我叫祥太，是个小男孩。其实呢……我是只小猴子，最爱吃香蕉，爬树很拿手，也很会模仿别人）③祥太说自己哪些方面像小猴子？（最爱吃香蕉，爬树很拿手，也很会模仿别人）

2. 小结：原来祥太觉得自己喜欢吃的食物和擅长做的事情这两方面和猴子很像，所以他说自己是一只小猴子。

（三）出示祥太爸爸的图片，导读第6～7页。

1. 提问：①这是祥太的爸爸龙太先生。他爸爸长得什么样子？他像什么动物？②如果你是祥太，你会怎么介绍他爸爸？③祥太是怎么介绍的？（这是我的爸爸，龙太先生。其实呢……他是只大狮子。最爱吃肉，不爱吃蔬菜。早上他脾气不太好，头发乱蓬蓬的，叫起来像狮子吼）

2. 小结：祥太从喜欢吃的食物、性格、长相这些方面来介绍自己的爸爸。

（四）导读第8～9页。

1. 提问：①这是祥太的妈妈明美女士。你们觉得祥太的妈妈像哪种动物？她和这种动物有哪些相像的地方？②谁能学学祥太介绍一下他的妈妈？③祥太是怎么介绍的？（这是我的妈妈，明美女士。其实呢……她是只大浣熊，不管看到什么东西都马上收去洗。有一次，妈妈差点连我也一起洗了）

2. 小结：祥太是从妈妈喜欢做的事情这方面介绍妈妈的。

二、自主阅读绘本第10～23页，教师观察指导。

（一）幼儿自主阅读。

引导语：祥太的介绍真有趣，他把他自己和家人都想象成了动物。于是他的家就成了一个动物园。这本绘本的名字就叫“我家是动物园”。我们一起来看看这本图书，看看祥太的家里还有哪些家庭成员、祥太把他们想象成了哪些动物。

（二）提醒幼儿重点注意观察画面中人物与动物之间隐藏的相似性。

三、师幼共同讨论绘本中角色与动物的相似性。

（一）按顺序出示图片。

提问：祥太家还有哪些人和动物？（爷爷、奶奶、妹妹、金鱼、曾祖母）

（二）引导幼儿将角色与动物图片进行匹配，讨论他们之间存在的相似性，并模仿书中的语言来介绍角色。

1. 提问：①祥太说爷爷像什么动物？（长颈鹿）爷爷和长颈鹿哪里相像呢？（个子高高的）谁能来介绍祥太的爷爷？②祥太说奶奶像什么动物？（狐狸）奶奶和狐狸有什么相似的地方呢？谁能来介绍祥太的奶奶？③祥太说妹

妹像什么动物？（小白兔）妹妹和小白兔有什么相似的地方呢？谁能来介绍祥太的妹妹？④祥太说小金鱼像什么动物？（鲸鱼）小金鱼和鲸鱼有什么相似的地方呢？谁能来介绍祥太的小金鱼？⑤祥太说曾祖母像什么动物？（猫头鹰）曾祖母和猫头鹰有什么相似的地方呢？谁能来介绍祥太的曾祖母？⑥最后一页画的是什么？（祥太的全家福）

2. 小结：祥太说他的家是热闹的动物园，有空请来玩，不收你的门票喔！

四、引导幼儿模仿书中的表述方式介绍自己的朋友或家人。

引导语：这本书的内容有趣吗？有趣在哪里？你们平时有用这样的方式来介绍朋友或家人吗？小朋友们能不能把自己的家人或朋友也想象成一种动物，然后来向大家介绍他们呢？

五、完整阅读绘本。

（一）引导语：让我们在祥太的带领下再次认识一下他的家人吧。

（二）结束语：回家之后小朋友们可以自制一本《我家也是动物园》，然后带到幼儿园来向同伴介绍你的家人。

活动延伸

阅读区：幼儿创作并自制图书《我家也是动物园》，想想自己的家人像哪种动物，并画出来；互相说一说自己家的“动物园”。

（设计者：陈　姝）

为什么我不能？（中班）

设计意图

绘本《为什么我不能？》画面清晰，动物造型简单可爱，句型简洁重复、富有节奏感。书中小动物以句式“为什么我不能……像……那样”表达对其他动物特殊本领的好奇，饶有趣味。中班幼儿很喜欢模仿小动物的动作和声音，该书符合他们好奇好问的特征。

教师准备引导幼儿在细致观察画面、自主阅读的过程中发挥想象，大胆提问。在此基础上，教师运用直观形象的梳理图来总结每一种小动物提问的内容；在拓展环节中，鼓励幼儿学习绘本中的小动物们乐于思考、善于提问的品质，牢记每个人都有自己独特的本领，不必羡慕他人。

《为什么我不能?》封面

活动目标

1. 观察画面细微之处，尝试大胆猜测每一种动物的问题。

2. 学习“为什么我不能……像……那样”的句式。

3. 知道每个人都有自己独特的本领。

活动准备

经验准备：幼儿对常见动物的特征有一定的了解。

材料准备：课件，绘本《为什么我不能?》幼儿人手一本，梳理图卡一组。

活动过程

一、阅读绘本封面和第2、3页，导入绘本内容。

（一）介绍绘本封面。

引导语：今天老师给大家带来了一本绘本。这是封面，看看封面上有什么。（小鱼、鱼妈妈和气球问号框）

（二）理解气球问号框的作用。

1. 提问：①小鱼的头顶上有一个像气球一样的框，里面装着什么？②气球问号框有什么本领?

2. 小结：这是问号框。我们可以把要说的话装在里面。问号框的小尾巴对着谁，就表示谁在提问。

（三）师幼共读第2、3页。

1. 引导语：今天天气很好，来了很多小动物，我们来看看都有谁。

2. 提问：画面上有哪些动物？它们在干什么?

3. 小结：有这么多小动物都在这里玩，它们在玩的时候会提出许多问题。

二、师幼共读绘本第4～11页，寻找、猜想小动物的提问。

（一）师幼共读第4～7页。

1. 提问：①图片上有哪些小动物？②小鸟会问妈妈什么问题？小鸭子会

问妈妈什么问题？

2. 讲述图书内容：小鸟问妈妈，为什么我不能玩水，像小鸭那样？小鸭问妈妈，为什么我不能抓蝴蝶，像猫咪那样？

（二）师幼共读第 8～11 页，引导幼儿用书中的句式来提问。

1. 引导语：接下来又有谁会来问问题呢？我们来看一看。

2. 提问：①猫咪看到了什么？②谁爱吃红萝卜？③猫咪会问妈妈什么问题呢？

3. 讲述图书内容：猫咪问妈妈，为什么我不能吃红萝卜，像小兔那样？

三、幼儿带着问题自主阅读绘本第 12～21 页，教师观察指导，阅读完毕后共同梳理绘本内容。

（一）提出问题，引导幼儿完整阅读绘本，猜想小动物提问的内容。

引导语：请你们看一看，接下来还有哪些动物宝宝向妈妈们提出了问题？它们是怎么问的？

（二）幼儿自主阅读，教师观察指导。

观察要点：幼儿能否按顺序一页一页地从前往后看书；幼儿能否理解每个动物的提问是围绕其他动物的本领或者特征展开的；幼儿能否根据画面提示，尝试按照书中“为什么我不能……像……那样”的句式来提问。

（三）围绕绘本第 12～21 页进行交流，用图卡梳理绘本内容。

1. 提问：小兔向自己的妈妈问了什么问题呢？它是怎么问的呢？

2. 请幼儿来当动物宝宝（小狗、小鱼、小牛）分别提问，教师当动物妈妈回答问题。

3. 用图卡梳理图书内容。

四、师幼共同阅读绘本第 22、23 页，引导幼儿尝试以“我不能……但是我能……”来描述动物们的独特之处。

（一）师幼共读第 22、23 页。

引导语：动物宝宝们提出了好多问题，妈妈们都不知道该怎么回答了。你们来当妈妈帮它们找到自己独特的本领吧。

（二）引导幼儿用“我不能……但是我能……”的句式来说一说动物宝宝们的独特之处。

（三）请幼儿说一说自己独特的本领，教师梳理。

1. 引导语：原来每个小动物都有自己的特点和本领。（小鸟不能玩水，但

《为什么我不能?》梳理图

是它能飞。小鸭不能抓蝴蝶，但是它能玩水……）小朋友们，你们有什么特别的本领呢？

2. 小结：每个小朋友都有自己的本领，每个小朋友都很棒。

五、师幼完整阅读绘本，引出书名。

（一）师幼共同完整阅读，进一步理解绘本内容。

引导语：我们一起从头到尾将书看一遍吧。

（二）师幼共同讨论，引出书名。

1. 引导语：请你们给这本绘本取一个好听的名字吧。

2. 小结：书的作者给这本书取的名字是“为什么我不能?”，说的就是一群好问的小动物们的故事。我们也可以和小动物们一样，做一个好奇好问的孩子。

活动延伸

阅读区：投放更多的动物图片，鼓励幼儿讨论各种动物的本领有哪些，并模仿书中的句式说一说。

家园共育：引导家长和幼儿共同阅读这本书，同时请家长在日常生活中鼓励幼儿多思考、多提问，家长要及时回应。

（设计者：徐灵芳）

不一样的小豆豆（中班）

设计意图

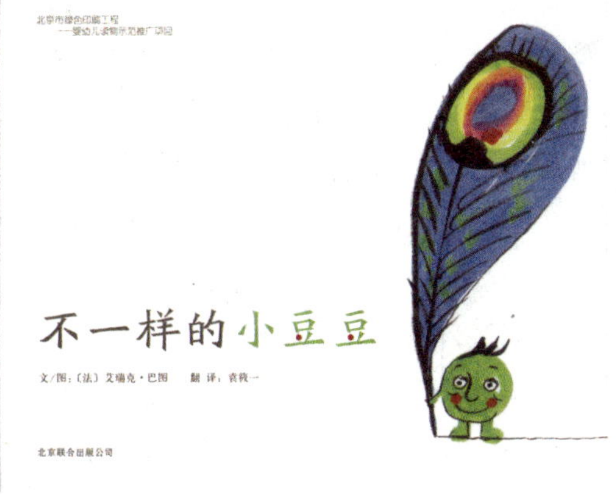

《不一样的小豆豆》封面

绘本《不一样的小豆豆》中的主人公是一颗普通的小豆豆，它对自己不太满意，它想让自己变成与众不同的小豆豆：看到孔雀，它羡慕孔雀美丽的尾巴；看到老虎，它羡慕老虎的强壮和漂亮的虎斑；看到大象，它又羡慕大象凛凛不可侵犯的威风……

教师希望引导幼儿理解并感受小豆豆在遇见孔雀、老虎、大象时的不同心理感受，让幼儿观察画面并大胆猜想小豆豆又会如何去做。

活动目标

1. 观察画面细节，感受小豆豆的情绪变化。

2. 大胆猜测并讲述小豆豆遇见不同动物时的想法和做法。

活动准备

材料准备：绘本《不一样的小豆豆》幼儿人手一本，课件，一颗豌豆。

活动过程

一、出示豌豆，导入绘本。

引导语：小朋友看看老师手中的东西是什么？（小豆豆）今天老师带来了一本书，书里说的就是小豆豆的故事，我们一起来看一看。

二、阅读第1～4页，感受小豆豆的想法。

（一）讲述图书内容：花园里有一棵豌豆树。所有的小豆豆都长得很像，也都很满意自己的样子。除了一颗小豆豆，看到自己和大家一个模样，它很不乐意。噗！这颗小豆豆终于跳出了豆荚。它想，我应该长得像谁呢？南瓜？胡萝卜？还是白萝卜？

（二）提问：①小豆豆为什么不满意自己的样子？（自己和大家一个模样）②你觉得小豆豆想变成什么样子呢？

三、引导幼儿带着问题阅读第 5～16 页，猜测并讲述小豆豆遇见孔雀、老虎、大象时的不同想法和做法。

（一）引导语：我们一起去书中看看，小豆豆会遇见谁？它是怎么想的？怎么做的？

（二）幼儿自主阅读，教师观察指导。

观察要点：幼儿是否能简单讲述自己所看到的内容；幼儿是否仔细观察画面的内容，知道前后页的关联。

（三）梳理绘本的内容，引导幼儿讲述小豆豆的想法与做法。

1. 提问：小豆豆遇到谁了？（孔雀、老虎、大象）小豆豆遇到它们之后，分别是怎么想、怎么做的？

2. 根据幼儿的回答，借助图片帮助幼儿梳理绘本内容。

《不一样的小豆豆》梳理表

3. 小结：当小豆豆看到孔雀，它羡慕孔雀美丽的尾巴，捡起一根羽毛绑在身上；当它看到老虎，它羡慕老虎的强壮和漂亮的虎斑，找来一支笔为自己画上虎斑；当它看到大象，它羡慕大象鼻子长长的、很威风，找来一根草做成长鼻子。

四、引导幼儿猜测故事结局，师幼共读第17～24页。

（一）引导幼儿猜想故事结局。

提问：①当小豆豆回到豌豆队伍的时候，大家看到它会有什么表现？（伙伴们都嘲笑它）②小豆豆虽然外形变了，可还是一颗种子，它还是要和它的小伙伴们一样睡到泥土里长成一棵豌豆树，最后它会长得和别的豌豆树一样吗？

（二）师幼共读第17～24页，了解故事的结局。

五、师幼完整阅读绘本并给书取名。

（一）引导幼儿自主给书取名。

（二）小结：小豆豆开始不满意自己的模样和伙伴们一样，通过自己的努力，虽然还是一颗种子，却实现了与众不同的愿望，后来变得和别的豌豆树不一样了，所以我们给它取名“不一样的小豆豆”。

（三）提问：小朋友们有没有什么与众不同的愿望呢？我们要怎样去实现自己的愿望？

活动延伸

阅读区：将绘本投放到阅读区，供幼儿继续阅读。

美工区：提供小圆球（充当小豆豆）、各种装饰材料，让幼儿装饰不一样的小豆豆，并讲述自己的创意。

（设计者：林丽清）

拼拼凑凑的变色龙（中班）

设计意图

《拼拼凑凑的变色龙》是一本画面简洁明了、充满趣味又隐含哲理的绘本。书中采用拼贴画的形式，描述了变色龙变形的过程：变得像北极熊一样又大又白、像红鹤一样漂亮、像狐狸那样机灵、像鱼那样会游水……最后它成了一个“四不像”，连苍蝇都捉不到，它一点儿也不快乐，最终又变回了自己。

教师在导读环节准备让幼儿了解变色龙有趣的变色特点，支持幼儿自主阅读并感受变色龙改变形态的有趣经历，让幼儿更加具体形象地了解变色龙拼拼凑凑的变化过程。教师希望通过活动，让幼儿知道每个人都有自己的特点，应该做好自己，只有做自己才是最快乐的。

《拼拼凑凑的变色龙》封面

活动目标

1. 理解绘本内容，知道每种动物都有自己的特点。

2. 感受变色龙的心理变化，学会欣赏自己，明白做自己最快乐。

活动准备

材料准备：变色龙图片，绘本《拼拼凑凑的变色龙》幼儿人手一本，课件。

活动过程

一、出示变色龙图片，导入绘本，激发幼儿的阅读兴趣。

提问：①你看到了什么动物？（变色龙）②你知道变色龙有什么本领？③变色龙会变成哪些颜色？

二、引导幼儿阅读第1～8页，了解变色龙有趣的变色特点。

（一）阅读第1～4页。

提问：①看看变色龙在哪里，变成了什么颜色？②变色龙暖和又有东西吃时变成什么颜色？③变色龙又冷又饿时又变成什么颜色？

（二）阅读第5～8页。

1. 提问：变色龙在干什么呢？（捉苍蝇）

2. 讲述：变色龙肚子饿了，就会一动不动地趴着等。它只动眼睛——忽上忽下，忽左忽右—— 直到盯住一只苍蝇。这时候，变色龙那条长长的、黏黏的舌头就会射出去，捉住苍蝇。这就是它的生活。这样的日子并不十分有趣。但是有一天……变色龙来到了动物园！它从来没有见过这么多漂亮的动物。

3. 提问：变色龙来到动物园看到了什么？（北极熊、红鹤、狐狸、鱼、鹿、长颈鹿、乌龟、大象、海豹、人）

三、幼儿自主阅读绘本第9～26页，感受变色龙改变形态的有趣经历。

引导语：变色龙觉得这些动物特别棒，它想变得跟它们一样。现在请你们自己阅读绘本，看看变色龙在自己身上拼凑了什么东西、发生了哪些有趣的事情。

（一）幼儿自主阅读，教师观察指导。

观察要点：幼儿是否能理解左边标志的含义；幼儿是否能自主阅读图书，并发现变色龙变成了什么；幼儿能否讲述变色龙的变化过程。

（二）师幼共同梳理变色龙有趣的变化经历。

引导幼儿大胆讲述变色龙的变形经历（北极熊、红鹤、狐狸、鱼、鹿、长颈鹿、乌龟、大象、海豹、人）

四、引导幼儿阅读第 27～30 页，了解故事的结局。

提问：①这还是变色龙吗？②苍蝇飞来，它能捉到苍蝇吗？为什么？③变色龙心情怎样？这时变色龙会怎么想？

五、师幼完整阅读绘本，引导幼儿知道每个人都有自己的特点，要学会欣赏自己，做自己最快乐。

（一）引导语：变色龙变回自己后心情怎样？为什么？

（二）小结：变色龙最后又变回自己了。每个人都有自己的特点，应该做好自己，只有做自己才是最快乐的。

活动延伸

阅读区：将绘本投放到阅读区，供幼儿继续阅读。

表演区：提供狐狸、鱼、鹿、长颈鹿、乌龟、大象、海豹等头饰或道具，供幼儿自主表演。

（设计者：陈　凌）

今天运气怎么这么好（中班）

设计意图

《今天运气怎么这么好》是一本幽默的绘本。书中的大灰狼乌鲁健忘而可爱，原本想和同伴们分享一个惊人的发现，结果却因为健忘和朋友的打岔忘记了“正事”。本次活动准备分为三个环节，首先通过师幼共同阅读，引导幼儿初步理解绘本前半部分内容，也为幼儿自主阅读做铺垫；然后，支持幼儿自主阅读并梳理绘本后半部分的内容，让幼儿进一步理解并大胆进行表述；最后通过完整阅读，引发幼儿对图书中为什么总是说“今天运气怎么这么好”进行思考。

《今天运气怎么这么好》封面

活动目标

1. 理解图书内容，能发挥想象，猜测并表达情节的发展。

2. 体会故事的幽默诙谐，感受阅读的趣味。

3. 理解“今天运气怎么这么好”所隐含的意思。

活动准备

材料准备：课件，梳理表格、图卡，绘本《今天运气怎么这么好》幼儿两人一本。

活动过程

一、游戏“老狼老狼几点钟”，导入绘本。

（一）师幼一起游戏。

引导语：我是大灰狼，我的名字叫乌鲁，我们一起来玩“老狼老狼几点钟？”的游戏。

（二）导入绘本。

引导语：大灰狼乌鲁因为抓不到小猪，已经饿了好几天。直到这一天，大灰狼乌鲁走进午睡林。

二、引导幼儿阅读第4～13页，了解绘本前半部分的内容。

（一）引导幼儿阅读第4～7页。

提问：乌鲁在午睡林发现了什么？（很多睡午觉的小猪）乌鲁心里会怎么想？

（二）讲述第4～7页的内容：有一天，大灰狼乌鲁走进午睡林，小猪们正在那儿睡午觉呢。“哇——这么多！今天运气怎、怎么这么好呢！”乌鲁怕吵醒小猪，小声地数了起来：“1只、2只、3只、4只……11只、12只、13

只、14只……”数啊数啊，可怎么数也数不完。“这么多，我一个人也吃不过来呀。今天运气怎么这么好呢！”

提问：①乌鲁为什么觉得自己运气好？②你们猜，乌鲁跑去做什么？

（三）阅读第8～13页。

提问：①乌鲁到了谁家？②乌鲁想告诉哇呜什么呢？有没有说？

（四）出示梳理表格第一栏，用图卡、符号来梳理乌鲁去哇呜家发生的事情。

三、幼儿自主阅读第14～25页，教师观察指导。

（一）提出问题，引导幼儿带着问题自主阅读。

提问：乌鲁又去了谁家？乌鲁把小猪的事告诉朋友了吗？

（二）幼儿结伴阅读，教师观察指导。

观察要点：幼儿能否结伴阅读，能否理解并向同伴表述乌鲁两次去朋友家发生的事情。

四、借助表格梳理第14～25页绘本内容。

（一）将图卡粘贴在梳理表格相应的栏里。

提问：①乌鲁离开哇呜家后又去见谁？②乌鲁把小猪的事告诉朋友了吗？（没有）为什么？③乌鲁的心情是什么样的？

（二）借助表格并通过贴图片，引导幼儿表述，帮助幼儿梳理绘本内容。

《今天运气怎么这么好》梳理图

五、引导幼儿自主阅读第 26～30 页，了解故事的结局。

（一）引导语：乌鲁有没有回到午睡林去吃小猪？请小朋友继续阅读图书，看看后来发生了什么事情，并和伙伴一起交流。

（二）幼儿自主阅读，教师观察指导。

观察要点：幼儿能否结伴阅读，共同寻找故事结局，并向同伴表述；倾听同伴的表述后能否补充自己的理解。

（三）了解故事的结局。

提问：乌鲁回到午睡林了吗？你是从哪里看出来的？（封底）

六、完整阅读绘本，理解“今天运气怎么这么好”所隐含的意思。

（一）出示封面，引出书名。

引导语：这本书的名字叫“今天运气怎么这么好”。我们一起完整阅读这本书，边阅读边思考，你们觉得是谁的运气比较好？为什么？

（二）师幼完整阅读绘本，并提问：谁的运气比较好？为什么？

活动延伸

阅读区：将绘本投放到阅读区，供幼儿继续阅读；提供纸和笔，请幼儿运用绘画或符号续编故事。

表演区：提供大灰狼和小猪的头饰、道具等，供幼儿自主表演。

（设计者：罗　俊）

逃家小兔（中班）

设计意图

绘本《逃家小兔》文字简单有趣，但书中蕴含的母爱却深沉而厚重。幼儿在阅读图书时能否在简单明了的语言中感受到兔妈妈对小兔的爱？如果这本书是幼儿和妈妈一起共读，对幼儿理解图书内容是否有帮助？这些问题促使教师设计了本次亲子阅读活动。

教师希望通过本次亲子阅读活动，让妈妈们在陪伴孩子阅读时能多倾听、多观察，了解孩子的阅读兴趣点，乐于和孩子讨论绘本的故事情节，成为孩子阅读时的好伙伴；同时，希望幼儿在活动中提高自主阅读能力，感受书中渗透的母爱，也能在亲子阅读活动中感受到妈妈的爱，大胆表达爱妈妈的情感。

活动目标

1. 能大胆表述对图书内容的理解，体验书中兔妈妈和小兔行为背后的想法。

2. 亲子合作用“如果……就……”的句式仿编，相互表述彼此的爱，促进母子间的情感交流。

《逃家小兔》封面

活动准备

经验准备：幼儿知道“园丁”的含义；活动前请家长先阅读该绘本，理解绘本的内容；活动前请家长明确本次亲子活动的教学目的。

材料准备：绘本《逃家小兔》幼儿人手一本，背景音乐。

活动过程

一、出示图书《逃家小兔》，激发亲子的阅读兴趣。

引导语：今天老师带来一本书，书的名字叫什么？“逃家小兔”是什么意思？小兔逃跑了，兔妈妈会怎么做？请你们和妈妈一起到书里寻找答案吧！

二、亲子阅读绘本《逃家小兔》，初步理解绘本故事的内容。

观察要点：在亲子共读时，家长是否适度指导；亲子间能否就绘本内容展开讨论。

三、家长、幼儿和教师共同交流绘本内容。

（一）提问幼儿：①你最喜欢哪一页？这页讲了什么？（该环节引导幼儿用语言表述画面内容，如兔妈妈变成爬山的人，它要爬到高山去找小兔）②兔妈妈为什么要变成×××？它做了什么？（该环节引导幼儿观察绘本中兔子和兔妈妈的角色装扮、表情变化、动作特点等细节来感受兔妈妈爱小兔的心情，如兔妈妈用胡萝卜喂小兔，兔妈妈变成大树张开手臂迎接小兔，兔妈妈勇敢地走在钢索上表演等）③你觉得书中的兔妈妈是一位什么样的妈妈？为什么？

（二）提问家长：①妈妈喜欢哪一页？②如果你是兔妈妈？你会怎么做？为什么？

四、亲子共读图书《逃家小兔》，感受绘本优美的文字。

引导语：请妈妈和孩子一起来阅读这本图书吧！

五、亲子合作仿编“如果……就……”句子。

（一）提问家长：妈妈们，如果您的孩子想逃跑，您会对您的孩子说什么？

（二）提问幼儿：如果妈妈要来追你，你会变成什么？

六、亲子间互相表达爱的情感。

（一）提问幼儿：你的妈妈是不是也像兔妈妈一样爱你呢？请你说说妈妈爱你的那些事。

（二）提问家长：在阅读这本书后，您想对您的孩子说什么？

活动延伸

阅读区：提供图书，引导幼儿继续阅读图书，并尝试创编兔妈妈和小兔的对话部分；引导幼儿根据创编的兔妈妈和小兔之间的对话开展自制图书活动。

（设计者：卓丽瑛）

漏（大班）

设计意图

《漏》是由中国民间故事改编的一本生动、趣味的绘本，讲述的是农家夫妇养了一头大胖驴，小偷想偷了卖钱，老虎想吃驴肉，他们夜晚到了农夫家，听到老太婆说“什么都不怕，就怕漏”，做贼心虚的老虎和小偷，阴差阳错把对方当成“漏”，然后被对方吓跑了。其实，老太婆怕的是漏雨。

《漏》封面

教师准备通过导读，让幼儿理解故事的起因；让幼儿自主阅读，理解故事情节，并结合老虎和小偷的三次交锋进行重点交流，引导幼儿深入地理解老虎和小偷的心理活动，感受一次比一次滑稽、一次比一次幽默的戏剧性情节。

活动目标

1. 能仔细观察画面，感受有趣的情节及角色的心理变化。

2. 知道书中“漏”的意思，能大胆表达老虎和小偷的三次交锋。

3. 理解绘本语言幽默的特点。

活动准备

经验准备：幼儿初步理解“漏”的意思。

材料准备：课件，绘本《漏》幼儿人手一本。

活动过程

一、观察并理解封面，激发阅读兴趣。

引导语：今天老师带来一本图书，我们看看封面，在什么地方？有谁？他们表情怎么样？可能发生了什么事情？

二、引导幼儿阅读第3～13页，理解故事发生的起因。

（一）引导幼儿阅读第3页。

讲述：从前有座驴背山，山腰间住着个王老汉，王老汉家里养了一头大胖驴。

（二）阅读第4、5页，认识故事的主要角色——老虎和小偷。

1. 引导语：他们是谁？他们表情怎样？为什么要做这样的动作？他们想干什么？

2. 讲述：山上的老虎看见了，心里想：那大胖驴一定很好吃！

3. 提问：小偷会怎么想？请小朋友们说一说。

4. 提问：那么他们会怎么行动呢？

（三）阅读第6、7页。

1. 提问：这是什么时间？谁来啦？他们的动作怎样？

2. 邀请幼儿表演小偷和老虎的动作。

（四）阅读第8、9页。

提问：老虎和小偷分别在哪里？干什么？（老虎在墙边挖墙脚，小偷在扒屋顶）

（五）阅读第10、11页。

1. 提问：屋内什么情况？你们猜王老汉夫妇会说什么？

2. 讲述："咦，什么声音?"王老汉被惊醒了。"管它贼哩虎哩，我什么都不怕，就怕漏!"老太婆说。

（六）阅读第 12、13 页。

1. 提问：老虎和小偷听到老太婆说的话后，会怎么想？他们明白"漏"的意思吗？

2. 讲述故事：漏？我走南闯北这么多年，还从没碰到过漏。难道这家伙比我还厉害？小偷想。漏？我翻山越岭这么多年，还从没碰到过漏。难道这家伙比我还厉害？老虎想。

3. 提问：谁来说一说"走南闯北"和"翻山越岭"是什么意思？

三、幼儿自主阅读第 14～35 页，理解画面内容，感受故事的有趣。

（一）引导语：接下来，会发生什么样的事情呢？请小朋友自己继续阅读图书。

（二）观察要点：幼儿是否理解故事内容。

（三）鼓励幼儿与同伴讲述自己对画面的理解。

四、围绕第 14～35 页展开讨论，重点理解老虎和小偷的三次交锋。

（一）提问：①老虎和小偷害怕"漏"吗？为什么害怕呢？②在老虎眼里谁是"漏"？在小偷眼里谁是"漏"？③他们碰到对方了没有？

（二）重点引导幼儿观察第 16、17、28、29、34、35 页，观察老虎和小偷的三次交锋，猜测他们的表情是什么样子的、心里是怎么想的。

五、完整阅读绘本，感受绘本的幽默有趣。

（一）引导语：小朋友们，驴到底有没有被吃或者被偷走呢？我们来完整阅读这本书，并想想为什么呢。

（二）引导幼儿完整阅读绘本。

（三）提问：①驴没有被偷走或吃掉的原因是什么呢？②这本书有趣吗？有趣在什么地方？

活动延伸

阅读区：将绘本投放在阅读区，让幼儿继续阅读。

（设计者：孙彩霞）

呀！屁股（大班）

设计意图

很多幼儿有“屎尿屁”的情结。他们对这一类话题的热衷程度，绝对超出成年人的预计。说起屁股，很多成人都很避讳，总感觉这是不好的话题。可是真是如此吗？屁股也是我们身体的组成部分，它可是谁都不能缺少的呢！我们选择了绘本《呀！屁股》，希望引导幼儿了解屁股，向幼儿介绍屁股这一身体的重要组成部分。所有可能发生在屁股上的事情——可说的，不可说的；人类的，动物的；成人的，孩子的；世俗的，医学的……都在绘本里被娓娓道来，不掖不藏，坦白得可爱。

活动目标

1. 通过绘本阅读，了解屁股的作用，学习保护屁股的方法。

2. 在关于“屁股”的辩论会中能较清晰地表达自己的观点。

3. 萌发对人体的探索欲望，增强自我保护意识。

活动准备

材料准备：课件，绘本《呀，屁股》幼儿人手一本。

活动过程

一、出示绘本封面，引出本次阅读的主题。

引导语：今天，老师带来了一本关于身体的书，我们一起来看看这本书介绍的是身体的哪个部位。来，让我们用手跟它打个招呼吧！

二、师幼共读第1～3页，引发幼儿对于不同屁股的讨论。

提问：①每个人的屁股一样吗？有什么不一样？②黄种人、黑人和白人的屁股会有什么不同呢？

三、以“是否喜欢屁股，为什么”为题开展辩论，鼓励正方、反方辩手主动清晰地表达自己的观点。

（一）请幼儿说明自己对屁股是“喜欢”或者“不喜欢”。

引导语：你喜欢屁股吗？如果你喜欢屁股就举手，如果你不喜欢屁股就不举手。

（二）请幼儿按照“喜欢屁股”或是“不喜欢屁股”分成两边并就座，开展辩论，鼓励幼儿清晰地表达自己的观点，引导幼儿表述喜欢与否的原因。

四、共读绘本，了解屁股的作用。

（一）师幼逐页一起读绘本；教师引导幼儿观察画面内容，帮助幼儿梳理屁股的作用。

引导语：刚才有的小朋友提出了很多屁股的作用，说明了屁股在生活中对我们的帮助，现在我们再来看看这本书里是怎么说的。

（二）提问：①屁股有什么作用？②绘本中，猴子头上的爱心代表什么？③如果我们的便便和屁排不出来了，会怎么样呢？

（三）小结：除了小朋友刚才说到的之外，通过阅读，我们更加了解屁股的作用，比如它可以排便、放屁、吸引异性等。如果我们的便便和屁排不出来了，身体健康会受到影响。

五、幼儿自主阅读绘本，师幼共同梳理，引导幼儿讨论保护屁股的方法。

（一）请幼儿上台分享自己喜欢的页面。

提问：你最喜欢哪个部分？告诉你的伙伴这个部分说了什么、你为什么喜欢。

（二）组织幼儿共同讨论保护屁股的方法。

1. 引导语：既然屁股有这么多作用，还关系到我们的身体健康，我们怎样来保护它呢？

2. 提问：①日常生活中，怎样保持屁股的卫生清洁？冬天的时候，怎么对屁股进行防冻保护？坐下的时候，怎样才不会伤到屁股？②怎样让屁股的肌肉更有力？③日常生活中，还有哪些需要注意的地方，才不会伤害屁股？

3. 小结：保护屁股的方式有很多，比如平常勤洗澡、每天多锻炼、冬天不能冻到它、玩的时候避免摔倒、坐下的时候稍轻些等。希望小朋友们从今天起能够学会爱护你们的屁股，保护好你们的屁股。

（三）向幼儿介绍其他有关身体的绘本，鼓励幼儿前往图书馆借阅。

推荐书目：《我们的身体》《身体有个小秘密》《可爱的身体》等。

活动延伸

阅读区：将绘本投放在阅读区供幼儿继续阅读。

（设计者：王　瑾）

板着脸的象（大班）

设计意图

《板着脸的象》是一本关于与朋友相处的书。小猪和小象吵架后，心里很难过、很后悔，第二天它们遇见后小猪躲到房子后面、大树后面，小象看到小猪躲着它就板着脸走开了。小猪心里很难过，但决定把小象逗笑，通过努力，它们最终和好。大班幼儿喜欢和好朋友在一起玩，玩的时候很开心，但也有闹别扭的时候。本次活动中，教师准备用表格梳理绘本的内容，帮助幼儿理解小猪和小象吵架到和好的过程，并采用了爱心卡来帮助幼儿理解小猪和小象的心情。

《板着脸的象》封面

活动目标

1. 仔细观察画面，理解故事情节并主动表达。
2. 理解小猪与小象从吵架到和好过程的情绪变化。
3. 知道与同伴相处的方法。

活动准备

材料准备：绘本《板着脸的象》幼儿人手一本，心情卡，梳理表。

活动过程

一、讨论好朋友相处的话题，引出绘本。

（一）讨论好朋友相处的话题。

1. 提问：①你有好朋友吗？他是谁？②你们是怎样成为好朋友的？③你们闹过矛盾吗？吵过架吗？是因为什么吵架？吵架后，你们是怎样和好的？

2. 小结：我们每个人都有自己的好朋友，虽然好朋友会因为意见不合、争抢玩具而吵架，但是好朋友之间很快就会和好的。

（二）出示绘本封面，激发幼儿的兴趣。

引导语：今天老师带来一本书，书上也有两个好朋友，它们怎么了？你从哪里看出来？（吵架了）到底发生什么事？我们一起到书里找找答案吧。

二、幼儿自主阅读绘本，教师观察。

观察要点：幼儿是否理解小猪和小象从吵架到相互不理，再到最后和好的情节；是否理解小猪和小象的表情变化。

三、借助表格梳理，引导幼儿分享交流，理解绘本第1～9页的内容。

（一）引导幼儿分享交流看到的内容。

引导语：谁愿意来分享一下你看书的结果，说说在书里看到了些什么？

（二）引导幼儿分享交流绘本第1～4页，观察画面并理解小猪和小象吵架及回家后小猪和小象的想法。

提问：①小猪和小象为什么闹矛盾？这时它们的心情是什么样的？②小猪决定要怎么做呢？是直接道歉吗？③小猪跟小象和好的前提是什么呢？④小象后悔跟小猪吵架了吗？它决定要怎么做？

（三）借助表格梳理，引导幼儿分享交流绘本第5～9页，理解小猪和小象三次遇见的内容及小象板着脸的原因。

提问：①小猪和小象遇见了几次？（三次）②它们第一次遇见的时候发生了什么事情？小猪是怎么做的？小象是什么反应？它们的心情怎么样？③第二次遇见的时候发生了什么事情？它们心情是怎么样的？④它们第三次遇见的时候发生了什么事情？心情呢？⑤你知道小象为什么要板着脸吗？你们觉得小象为什么总是板着脸？

《板着脸的象》三次遇见内容梳理表

遇见次数	小猪 		小象 	
	怎么做的	心情	反应	心情
第一次				

续表

第二次				
第三次				

四、集体阅读第10～16页，理解小猪和小象是如何和好的。

（一）引导语：最后小猪、小象和好了吗？（和好了）是如何和好的？我们接着往下看。

（二）提问：①小猪戴怪面具逗小象笑的做法起作用了吗？（一开始没有）②小猪看到小象还是不理它，它是怎样反应的？（坐在地上伤心地哭起来）③就在小猪哭泣的时候，小象是怎么做的？（停下车，问它想不想搭便车）小猪又是怎么做的呢？（赶快答应了，跳上小象的车）④最后他们是怎样和好的？

五、联系生活，讨论与好朋友和好的方法。

提问：①你在生活中有没和好朋友吵过架？你们是因为什么吵架？后来是怎么解决的？（你是怎么做的？）②除了主动道歉外，你还知道哪些与好朋友和好的方法？

（设计者：陶春美）

山猫怎么办（大班）

设计意图

绘本《山猫怎么办》以一个黑黑的深坑为背景，讲述了两只山猫和三只田鼠落入坑后想了逃出来的办法，却因为彼此间不信任而相互否定对方想出的出逃方法，直到最后下了场大雨把坑填满，它们被冲出坑外还在讨论如何逃出深坑的幽默故事。

教师希望在与幼儿共同阅读的过程中，帮助幼儿理解山猫和田鼠掉进坑后通过讨论想出的三种方法及前两种方法没有实施的理由，引导幼儿知道只有相互信任才能共同解决困难。

《山猫怎么办》封面

活动目标

1. 仔细观察山猫和田鼠的表情、动作，读懂画面内容，初步理解相互信任的重要。

2. 知道猫和田鼠讨论了三种不同的逃出深坑的方法，并能猜测它们不同意对方想出的出逃方法的理由。

3. 能大胆地表述自己的想法，并尝试为山猫和老鼠逃出深坑提出建议。

活动准备

材料准备：绘本《山猫怎么办》幼儿人手一本。

活动过程

一、引导幼儿观察封面，导入活动。

引导语：我们一起来看看，封面上山猫和田鼠在哪里？（坑里）它们在做什么？

二、引导幼儿阅读第1～7页，说一说山猫和田鼠掉进坑后发生了什么事。

（一）提问：①这三只田鼠为什么跑？这只灰田鼠做了什么动作？（张大嘴巴，向后转）它看到了什么？②这黑黑的是什么？（坑）山猫和田鼠注意到前面的坑了吗？可能会发生什么事？

（二）讲述图书内容：山猫和田鼠跑得太快了，掉进了坑里。“啊——”山猫和田鼠大声喊着。

（三）提问：①这是一个什么样的坑？山猫和田鼠能爬出去吗？②看看山猫做了什么动作？（张大嘴巴）田鼠呢？它们会被吃掉吗？它们会说什么？

三、幼儿自主阅读绘本第8～20页，引导幼儿大胆表述山猫和田鼠讨论了哪些办法以及没有实施的原因。

（一）幼儿自主阅读，教师观察指导。

观察要点：幼儿能否看懂山猫和田鼠在做什么，能否理解山猫和田鼠讨论了哪些逃出深坑的方法。

（二）引导幼儿大胆表述山猫和田鼠讨论了哪些逃出深坑的方法。

1. 提问：山猫和田鼠在做什么？（讨论）

2. 提问：①它们讨论了哪些办法？②第一种方法是谁想出来的？你们觉得这个方法好不好？③第二种方法是谁想出的？被采用了吗？为什么？

3. 小结：当田鼠提出第一种方法时，山猫担心田鼠逃出去后会不救它们。当山猫提出第二种方法时，田鼠又担心山猫逃出去后在救它们时会一个一个吃掉它们。正因为山猫和田鼠相互不信任，所以前两种方法都没有被采用。

四、幼儿完整阅读绘本《山猫怎么办》，思考山猫和田鼠如何才能顺利逃出深坑。

（一）讲述绘本最后部分的内容：就在它们讨论的时候，雨越下越大，渐渐地填满了深坑，山猫和田鼠都被淹在了水里，拼命挣扎。当雨水把山猫和田鼠冲出了深坑，它们喘了口气。这时，山猫说："喂，你们听我接着说。……"大伙全神贯注地说着，一点儿都没察觉，因为洞里灌满了水，大家其实都安全来到坑外了。天黑了，它们还在商量着从坑里出来的办法。

（二）提问：①第三种办法它们实施了吗？为什么？②如果没有下雨，你觉得第三种方法能不能逃脱？③如果你们是山猫或田鼠，你有什么好的建议？

（三）小结：只有相互信任和合作，才能共同解决困难。

活动延伸

阅读区：将绘本投放到阅读区供幼儿阅读，引导幼儿大胆讲述为山猫和田鼠提供的建议。

（设计者：陈　羽）

小猪变形记（大班）

设计意图

《小猪变形记》中的小猪聪明、富有想象力，其自我探索的过程其实就是幼儿认识自我、认识他人的过程。绘本中小猪有五次的变形经历，教师准备先采用与幼儿共同阅读的方式引导幼儿理解小猪变形的原因和方法；然后采用幼儿自主阅读的方式，让幼儿感受小猪继续变形的有趣经历；最后引导幼儿讨论，使幼儿懂得每个人都有自己的特点、做自己最快乐的道理。

《小猪变形记》封面

活动目标

1. 理解小猪通过改变自己形态，寻找快乐的过程。

2. 能读懂绘本并大胆讲述小猪有趣的变形经历。

3. 知道每个人都有自己的特点，要学会欣赏自己，做自己最快乐。

活动准备

经验准备：幼儿已熟悉长颈鹿、斑马、大象、袋鼠、鹦鹉这些动物的特征。

材料准备：绘本《小猪变形记》幼儿人手一本，课件。

活动过程

一、出示绘本封面，引出绘本。

引导语：有一只小猪，他觉得很无聊，每天都天马行空地想象自己变成各种小动物，看到什么就想变什么。这不今天他又有了主意，你们猜猜，他想变成谁？

二、师幼共读绘本第2～11页，初步感受小猪第一次和第二次的变形经历。

（一）出示第4页，引导幼儿观察画面内容。

提问：①小猪在干什么？（踩高跷）他想变成谁？（长颈鹿）②他为什么想变成长颈鹿？（羡慕长颈鹿有长长细细的脚）是怎么变的？（把长长的高跷当成脚）

（二）阅读第5页，验证小猪是否变成了长颈鹿。

（三）师幼共读第6～11页。

1. 提问：①小猪遇到了谁？（斑马）斑马会对小猪说什么？请小朋友学学斑马说话的语气。②结果小猪怎么样？（摔倒了）③接下来小猪会怎么做？（变成斑马）④小猪变成斑马后遇到了谁？大象会对小猪说什么？后面又发生了什么事？

2. 小结：小猪不适合变成长颈鹿，他只是一只踩着高跷摇摇晃晃的小猪。小猪不适合变成斑马，他只是一只身上画着斑马纹的小猪。

三、引导幼儿自主阅读绘本第 12～23 页，感受小猪变形的有趣经历。

（一）引导语：小猪还想变成哪些动物？发生了什么有趣的事情？小朋友可以边阅读边轻声和同伴交流绘本的内容。

（二）幼儿自主阅读第 12～23 页，教师观察指导。

观察要点：幼儿是否认真看绘本，知道小猪怎样变形；能否根据画面提供的信息，与同伴交流。

（三）师幼共同梳理小猪有趣的变形经历。

1. 引导幼儿梳理小猪的变形经历。

提问：①小猪接下来又变成了谁？是怎么变的？②小动物们会对小猪说什么？

2. 总结小猪的变形经历，引导幼儿讨论这是一只什么样的小猪。

引导语：小猪一会儿变长颈鹿，一会儿变斑马，一会儿变大象，一会儿变袋鼠，一会儿变鹦鹉……都没有成功，你觉得这是一只什么样的小猪？

小结：这是一只很有创意、很会动脑筋的小猪。

四、师幼完整阅读绘本，引导幼儿知道每个人都有自己的特点，要学会欣赏自己，做自己最快乐。

（一）师幼共同阅读第 24、25 页。

1. 提问：①小猪掉进泥潭时是什么样的心情？②小猪看到同伴在泥潭里玩耍又是什么样的心情？③如果你这时候在泥潭边，你会对小猪说什么？

2. 小结：小猪终于找到真正的快乐了，因为做自己喜欢的事情很快乐。只有做自己才是最快乐、最幸福的！老师也希望小朋友勇敢、努力地做自己，这样你一定会感到幸福快乐。

（二）鼓励幼儿结合自己的生活经验，谈谈自己的优点。

活动延伸

阅读区：将绘本投放在阅读区，供幼儿继续阅读、讲述小猪有趣的变形经历。

表演区：幼儿穿上各种动物服饰，分角色表演故事。

（设计者：林金芳）

摇摇晃晃的桥（大班）

设计意图

绘本《摇摇晃晃的桥》讲述了狐狸追逐兔子来到一根摇摇晃晃的独木桥上，狐狸和兔子从吵架到聊天、从狐狸想吃了兔子再到遇到危险互相帮助的故事。

《摇摇晃晃的桥》封面

该绘本故事较为复杂，所以教师准备先将绘本投放到区域中让幼儿初步熟悉故事内容，再开展集体教学活动，重点让幼儿知道狐狸和兔子同时遇到危险时由敌人转化为朋友的过程，并引发幼儿思考多种可能的结局。

活动目标

1. 仔细观察狐狸和兔子的表情、动作，读懂画面内容，理解故事情节。

2. 知道狐狸和兔子同时遇到危险时由敌人转化为朋友的过程，并猜测故事最后的结局。

3. 初步感受绘本的幽默诙谐，享受阅读的乐趣。

活动准备

经验准备：幼儿已有平衡的经验，已经在区域中阅读过这本绘本。

材料准备：绘本《摇摇晃晃的桥》幼儿人手一本，课件。

活动过程

一、出示封面，导入活动。

引导语：今天老师给小朋友们带来了《摇摇晃晃的桥》的绘本，大家已经在阅读区看过了，你们说说，封面上狐狸和兔子在做什么？

二、师幼共同阅读第 1～9 页。

（一）师幼共读第 1～9 页，观察狐狸追逐兔子到独木桥上后发生了什么事。

（二）提问：①狐狸和兔子跑到了什么样子的桥上？桥下的河水是什么样

子的？②你们觉得狐狸能抓到兔子吗？它们在桥上争吵的时候，桥怎么啦？

三、幼儿自主阅读第 10～29 页，了解发生危险以后狐狸和兔子在桥上发生的事。

（一）提出问题，引导幼儿带着问题自主阅读。

提问：①狐狸和兔子在桥上过了一整夜，它们在桥上做了哪些事？②在桥上度过一整夜的狐狸和兔子，它们说话时的表情和心情有什么变化？刚开始是什么样的，最后又是什么样的？

（二）幼儿阅读，教师观察指导。

观察要点：幼儿能否看懂狐狸和兔子在做什么，能否理解狐狸和兔子由敌人转化为朋友的过程。

（三）小结：狐狸和兔子最初因为追逐来到桥上，在桥上争吵，后来在桥上聊天，最后遇到危险时互相帮助。

四、师幼共同阅读难点页，理解狐狸和兔子同时遇到危险时由敌人转化为朋友的过程。

（一）提问：你们来看看，狐狸和兔子在桥上吵架是在绘本的第几页？

（二）阅读第 14、15 页。

提问：①狐狸和兔子的表情是怎样的？在做什么动作？②你们猜猜，此时狐狸和兔子在桥上干什么？这时它们是敌人还是朋友？

（三）阅读第 20～22 页。

1. 引导语：狐狸和兔子就这样趴着，直到深夜。它们在桥上聊天又是在书的第几页呢？

2. 提问：①在这漫长又恐怖的黑夜，狐狸和兔子又在干什么？它们的表情和之前有什么不一样？②你们觉得狐狸和兔子会说什么？

（四）阅读第 23～25 页。

1. 引导语：夜渐渐深了，狐狸和兔子聊着天，突然间狐狸没有听见兔子的声音了。狐狸救了兔子又是在哪一页呢？

2. 提问：①兔子的表情是怎样的？它为什么会这样呢？②你们猜猜，狐狸会和兔子说什么呢？狐狸为什么要救兔子呢？

（五）阅读第 26～33 页。

1. 引导语：突然间，一阵风吹来，吹得桥剧烈地摇晃起来。我们一起来看看绘本的第 26～33 页。

2. 提问：①这时，桥是什么样子的？②兔子和狐狸在干什么？狐狸和兔子会说什么？这时它们是敌人还是朋友？

五、引导幼儿阅读结尾部分（第 34～36 页），并与同伴讨论故事结尾。

（一）引导语：在兔子救了狐狸以后，我们来看看发生了什么。

（二）提问：仔细看看这三幅图，狐狸和兔子在哪里？你觉得它们在做什么？

六、完整阅读绘本，结束活动。

引导语：这本书看完了，你觉得狐狸和兔子的关系有什么变化？为什么会有这种变化呢？

（设计者：林佳琦）

停不下来的迈克斯（大班）

设计意图

该绘本内容风趣幽默，故事情节重复，充满想象。书中主人公迈克斯拥有一顶“思考帽”，每当他遇到问题时都会戴上“思考帽”想一想，最后用他自己的处理方式完成妈妈交代的任务。教师在阅读活动中准备先引导幼儿观察画面并大胆表达对故事内容的理解，然后结合图片梳理故事情节，让幼儿懂得一件事情有不同的解决方式，学会控制自己的行为，“三思而后行”。

《停不下来的迈克斯》封面

活动目标

1. 理解绘本内容，感受情节的风趣与幽默。
2. 能够大胆地猜测并想象迈克斯的三种选择，能够完整地表达。
3. 懂得做事情前要好好想一想，有自己的主意。

活动准备

经验准备：幼儿已理解“疯狂”的含义。

材料准备：绘本《停不下来的迈克斯》幼儿人手一本，课件，故事梳理表格一张。

活动过程

一、导入绘本。

引导语：今天老师带来一个新朋友，他的名字叫“迈克斯”。他会给我们带来什么有趣的事情呢？我们一起来看看！

二、引导幼儿阅读第2～12页，初步感受“思考帽”对迈克斯的帮助。

（一）阅读第2～4页。

1. 讲述第2页内容：妈妈在门口扫视了一圈儿，“差不多该睡觉啦，迈克斯，”她说，“你得收拾好玩具，换上干净的睡衣，喂好金鱼毛毛，五分钟后我会再过来。”不过，迈克斯可没有什么玩具，他有一个大大的军团！

2. 提问：妈妈叫迈克斯去睡觉，睡觉前要做些什么事？（收拾玩具、换干净的睡衣、喂金鱼毛毛）

（二）阅读第5～7页。

1. 出示第5页。

提问：迈克斯在干什么？心情怎么样？

2. 讲述第5～7页内容：此刻，常胜将军迈克斯正在指挥“城堡攻坚战”。他可不想就这样停下来。别担心，迈克斯有一个神秘武器“思考帽”。嗯，该戴上他的“思考帽”好好想一想了。他应该懂事点，比如，收拾好玩具？还是淘气点，比如，把妈妈挡在门外？还是疯狂点，比如，来一场南极大冒险？

提问：“思考帽”帮迈克斯想了几个办法？是什么？你觉得这些办法怎么样？

（三）阅读第8、9页。

1. 提问：①迈克斯最后是怎么做的？②你觉得他这样做好吗？为什么？

2. 出示表格，梳理“思考帽”的三种解决办法及迈克斯的最终决定。

（四）阅读第10～12页。

提问：①迈克斯的睡衣怎么啦？你是从哪里看出来的？②小朋友们，戴上“思考帽”想一想，你们认为迈克斯应该怎么做呢？

三、幼儿自主阅读图书第13～25页，教师观察指导。

（一）引导语：迈克斯戴上了“思考帽”，他和你们想的一样吗？我们一起去书中找找答案！

（二）幼儿自主阅读，教师观察指导。

观察要点：幼儿能否围绕教师提出的问题进行自主阅读；能否仔细观察画面内容，理解迈克斯的思考内容及具体做法。

四、幼儿围绕第13～25页进行交流，教师用表格梳理绘本内容。

（一）交流第13～21页内容。

1. 提问：①迈克斯完成换干净睡衣和喂金鱼毛毛的任务时，“思考帽”帮助他想了哪些方法？②最后他是怎么做的？

2. 邀请幼儿把自己的表达粘到梳理表上。

《停不下来的迈克斯》故事情节梳理表

思考与决定 / 任务				迈克斯的决定……
	 懂点事儿……	 淘气点儿……	 疯狂点儿……	

（二）交流第22～25页内容，了解故事的结尾。

引导语：完成三件任务后，迈克斯心情怎么样？迈克斯又干什么去了？

五、完整阅读绘本，加深对绘本的理解。

（一）引导幼儿完整阅读绘本。

（二）提问：①你喜欢这本绘本吗？你觉得迈克斯是一个什么样的小朋

友？②“思考帽”对我们会有哪些帮助呢？

（三）小结：在生活中我们也要像迈克斯，做任何事情都要好好想一想再做决定，能够自己解决的事情尽量自己解决。

活动延伸

阅读区：提供表格、纸，请幼儿用绘画方式续编故事。

家园共育：请家长鼓励幼儿在生活中遇到困难或问题时，都要先好好想一想，然后再做决定并解决困难或问题。

（设计者：张铃枫）

一颗超级顽固的牙（大班）

设计意图

《一颗超级顽固的牙》讲述了塔比莎有一颗松动的牙，她想尽各种办法让这颗牙掉下来的有趣经历。这本绘本适合放在大班阶段阅读。活动中，教师准备重点引导幼儿理解塔比莎尝试多种方法让牙掉下来的有趣经历，感受故事情节的温馨与风趣，帮助幼儿消除换牙的恐惧，从而对换牙有正确的认识。

《一颗超级顽固的牙》封面

活动目标

1. 能细致观察画面，理解塔比莎尝试多种方法让牙掉下来的有趣情节，感受故事的温馨与风趣。

2. 用较连贯的语言表达自己对绘本内容的理解。

3. 消除换牙的恐惧，对自己的换牙有正确的认识。

活动准备

经验准备：幼儿对换牙有一定的了解。

材料准备：绘本《一颗超级顽固的牙》幼儿人手一本，课件。

活动过程

一、交流讨论换牙经历，导入绘本。

（一）讨论：你换过牙吗？你的牙是怎样掉下来的？

（二）引导幼儿观察封面，认识故事主人公塔比莎，导入绘本。

引导语：今天老师带来一本关于换牙的书，封面上的这位小女孩名叫塔比莎。

二、引导幼儿阅读第2～7页，了解塔比莎有一颗松动的牙。

（一）阅读第2、3页。

提问：塔比莎在什么地方，做什么？

（二）阅读第4、5页。

提问：塔比莎吃了这颗苹果后发生了什么事？

（三）阅读第6、7页。

1. 提问：塔比莎会将牙齿松动的事告诉谁？（爸爸）

2. 讲述绘本内容：她冲着爸爸笑了。爸爸也冲她笑着说："如果今天晚上你把那颗牙齿放在枕头下面，牙齿小精灵就会把它收走，还会给你留一点钱。"

3. 提问：①爸爸说了什么？②如果你是塔比莎，听了爸爸的话会怎么想？③你会用什么方法让牙齿快点掉下来？

三、幼儿自主阅读第8～30页，找出塔比莎让牙掉下来的方法；教师观察指导。

（一）引导语：塔比莎会用什么方法让牙掉下来？她成功了吗？我们一起来阅读这本书。

（二）幼儿自主阅读，教师观察指导。

观察要点：幼儿能否理解画面并了解塔比莎让牙掉下来的方法，能否用较连贯的语言说出塔比莎让牙掉下来的方法。

四、师幼共同梳理塔比莎尝试让牙掉下来的方法及结果。

（一）引导幼儿找到塔比莎让牙掉下来的方法。

提问：塔比莎用了哪些方法让牙掉下来？

（二）师幼共读并梳理塔比莎尝试让牙掉下来的方法及结果。

1. 阅读第8～11页，梳理塔比莎尝试的第一种方法。

提问：①塔比莎恨不得这颗牙马上就掉下来，于是她来到什么地方，做了什么？②牙齿掉下来了吗？

2. 阅读第12、13页，梳理塔比莎尝试的第二种方法。

提问：①接着她又请谁来帮忙，怎么帮？②成功了吗，为什么？

3. 阅读第 14、15 页，梳理塔比莎尝试的第三种方法。

提问：她在做什么？这个方法让牙齿掉下来了吗？

4. 阅读第 16～19 页，梳理塔比莎尝试的第四种方法。

提问：①她想用什么来帮助自己？②捕蝇草有什么本领？②塔比莎希望用捕蝇草做什么？成功了吗，为什么？

5. 阅读第 20、21 页，梳理塔比莎尝试的第五种方法。

提问：①她又用了什么方法？牙齿掉了吗？②莎莎用了五种办法都没能让这颗牙掉下来，你们觉得这是一颗什么样的牙齿？

6. 阅读第 22～29 页，了解塔比莎那颗松动牙的结局。

提问：①睡觉时间已经到了，塔比莎想尽了办法，可是她的牙还是没有掉，此刻她的表情是怎样的，心情会如何？②就在这时，突然发生了什么事？（塔比莎打了个打喷嚏，牙齿“嘣”地一下跳了出来）现在塔比莎的表情是什么样的？

7. 阅读第 30 页。

（1）提问：睡前，塔比莎还做了什么？

（2）朗读绘本上信的内容。

（3）提问：①塔比莎对这颗牙有一种什么样的感觉？②怎么打了个喷嚏，塔比莎的牙齿就掉下来了呢？

五、完整阅读绘本，加深对绘本主题的理解。

（一）请幼儿给绘本取名字。

1. 引导幼儿给这本书取个好听的名字。

2. 介绍绘本书名。

（二）引导幼儿完整阅读绘本。

活动延伸

阅读区：将绘本投放到阅读区，供幼儿继续阅读；引导幼儿自制绘本，创编自己换牙的经历。

（设计者：陈晓莉）

我妈妈（大班）

《我妈妈》封面

设计意图

妈妈是幼儿非常熟悉和亲近的人。绘本《我妈妈》以孩子的口吻描写了一位无所不能的母亲形象。绘本中的妈妈开始被比喻成各种很棒的人物形象，最后作者突然笔锋一转，抒发了对妈妈的深深爱意。画面充满了幽默趣味，让人久久不能忘怀。教师在本次活动中准备先让幼儿结合生活经验谈论自己的妈妈，再通过分段欣赏，引导幼儿和家长理解绘本中妈妈的形象，并引导幼儿尝试用“像……一样……”的语句来赞美自己的妈妈，从而加深自己对妈妈的爱。

活动目标

1. 感受亲子阅读的乐趣，体验亲子阅读时的温馨氛围。
2. 尝试用“像……一样……”的句式夸夸自己的妈妈。
3. 仔细观察画面细节，理解画面所表达的内容。

活动准备

经验准备：每个幼儿了解妈妈的职业、爱好（调查表）。

材料准备：绘本《我妈妈》幼儿人手一本，课件，音乐。

活动过程

一、谈关于妈妈的话题，引出绘本。

（一）谈妈妈的职业和爱好。

1. 引导语：今天我们请来了你们的妈妈，我们用掌声欢迎各位妈妈。

2. 提问：①你知道妈妈的职业吗？②妈妈有什么爱好？③妈妈的生日是什么时候？④妈妈有什么本领？

3. 小结：你们的妈妈从事不同的职业，都在努力地工作。她们爱学习……每个妈妈都是独一无二的。你们的妈妈真棒！

（二）出示绘本封面，激发幼儿的兴趣。

引导语：今天我还请来了一位外国妈妈，我们一起把她请出来吧。

二、亲子阅读绘本第一部分，感受绘本中的妈妈真的很棒。

（一）引导语：绘本中妈妈会是一个怎样的妈妈呢？但在“我”的眼里可和你们说的不太一样，请你们和妈妈一起往下阅读。

（二）亲子阅读绘本，教师观察。

观察要点：幼儿是否理解绘本里的妈妈在“我”眼中是什么样的人；能否与妈妈共同阅读，就感兴趣的画面进行互动。

三、分享交流，理解绘本第一部分的内容。

（一）提问：妈妈在“我”眼中是个什么样的人？（手艺特好的大厨师、特技演员、画家、强壮的女人、有魔法的园丁、好心的仙子、天使）

（二）根据画面内容逐一提问幼儿。

第 2 页：你从哪里发现妈妈是手艺特好的大厨师？

第 3 页：为什么妈妈要耍杂耍，她耍的是什么？

第 4 页：爱化妆的妈妈是一个什么样的妈妈？

第 5 页：为什么她需要提这么多东西？你的妈妈日常购物需要提这么多东西吗？

（三）根据画面内容逐一提问家长。

第 6 页：为什么说妈妈是有魔法的园丁？

第 7 页：为什么妈妈是好心的仙子？

第 8 页：为什么说妈妈是天使？

（四）小结：原来在“我”心目中妈妈是这样的角色，她既是手艺特好的大厨师、特技演员、画家、强壮的女人，还是有魔法的园丁、好心的仙子、天使。在你的心目中妈妈是什么样的人？

四、亲子阅读绘本的第二部分，引导幼儿尝试用“像……一样……”的句式夸妈妈。

（一）亲子阅读绘本第二部分，感受妈妈的爱。

1. 引导语：刚才大家都夸了自己的妈妈，在“我”的眼中妈妈也是很棒的，“我”也像你们一样夸自己的妈妈。请你们和妈妈继续阅读。

2. 指导要点：在亲子阅读过程中引导妈妈和幼儿理解绘本的内容，引导幼儿积极与妈妈互动。

3. 提问："我"是怎么夸妈妈的？（吼起来像狮子一样凶猛、像蝴蝶一样美丽、像沙发一样舒适、像猫咪一样温柔、像犀牛一样强悍）

（二）尝试用"像……一样……"的句式夸夸自己的妈妈。

引导语：听完"我"夸完了她的妈妈，大家也想来夸夸自己的妈妈了，请你用"像……一样……"的句式来夸夸你们的妈妈吧。

五、集体阅读绘本的最后部分，感受绘本中浓浓的情意。

（一）引导语："我"到了最后对妈妈说了藏在心里很久的话，我们一起来看看书是怎么说的。

（二）提问：为什么绘本中的"我"说妈妈是舞蹈家、航天员、电影明星、大老板、超人，她永远爱我？

六、亲子完整阅读绘本《我妈妈》，体验亲子阅读的温馨氛围。

提问：看完这本书，你想对妈妈说什么或做什么吗？

活动延伸

阅读区：继续把绘本投放到区域引导幼儿继续阅读。

家园共育：引导幼儿和家长自制亲子图书。

（设计者：陶春美）

猜猜我有多爱你（大班）

设计意图

《猜猜我有多爱你》讲述了小兔子和大兔子之间关于爱的对话。小兔子和大兔子通过形象的动作，结合朴素而真诚的语言，表达了他们之间相互的爱。该活动准备采用亲子阅读的方式，邀请爸爸妈妈参与；通过亲子共读，帮助幼儿理解绘本的内容，在互动中感受小兔子与大兔子间真挚的爱；引导幼儿模仿绘本中的语言大胆向爸爸妈妈表达爱意，让爸爸妈妈们在浓浓的亲情感染下，也给予幼儿积极的回应。

活动目标

1. 理解故事内容，感受小兔子和大兔子之间真挚的爱。

2. 与父母合作学习仿编，并大胆表达对彼此的爱。

3. 在亲子互动中，体验爱别人和被别人爱的快乐情感。

活动准备

经验准备：提前与家长做交流，请他们思考利用自己身上或身边的东西打比方，表达对孩子的爱。

材料准备：绘本《猜猜我有多爱你》幼儿人手一本，课件，轻音乐。

活动过程

一、引发幼儿阅读的兴趣。

引导语：在生活中，你爱谁？爸爸妈妈常对你说他们有多爱你吗？今天我们就来读一本和爱有关的书吧！

《猜猜我有多爱你》封面

二、出示绘本，集体阅读封面，认读书名。

三、亲子阅读第1～19页，并通过亲子互动感受小兔子对大兔子真挚的爱。

（一）引导语：小栗色兔子该上床睡觉了，可是他紧紧地抓着大兔子的长耳朵不放。他要大兔子好好听他说："猜猜我有多爱你。"大兔子说："哦，这我可猜不出来。"你们想听听小兔子怎样表达他对大兔子的爱吗？和爸爸妈妈们拿出绘本看看他怎么做、怎么说的。

（二）亲子阅读第1～19页。

提问：小兔子用了哪些方式来表达自己对大兔子的爱？

（三）亲子互动，请孩子们先后用张开手臂、举手臂、倒立和跳的动作的表达对爸爸妈妈的爱，家长们也用同样的动作和语言表达对孩子的爱。

1. 引导语：小朋友可以邀请你的爸爸妈妈一起来演演这段故事。

2. 提问：小兔子为什么要一次次努力向大兔子表达爱？

四、引导幼儿观察绘本第20、21页，拓展思维，大胆表述。

（一）引导幼儿观察画面内容。

提问：①小兔子说着说着来到了哪里？他看到了什么？（花、山、树、小河……）②小兔子看到那么多东西，他想用看到的东西来表示对大兔子的爱，他是怎么表示的呢？

（二）请个别幼儿借助画面中的内容，学习仿编句式。

引导语：听好哦，心里有爱就要表示出来。他说："我爱你，像这条小路伸到小河那么远。"你猜猜，小兔子还会用什么来表示对大兔子的爱？

五、共同阅读绘本结尾部分，感受大兔子对小兔子的爱。

（一）引导语：小兔子太困了，大兔子低下头来亲了亲小兔子，对他说晚安。

（二）提问：①咦，这一次大兔子为什么不回答呢？是大兔子的爱不够多了吗？②小兔子和大兔子间谁的爱更多？

六、引导幼儿模仿绘本中的语言向爸爸妈妈表达爱意，并鼓励家长给予积极的回应。

（一）引导语：你们能像书中的小兔子和大兔子一样，互相表达对彼此的爱吗？

（二）鼓励幼儿用语言和动作大胆表达对爸爸妈妈的爱，鼓励家长自然大方地用语言和动作表达对幼儿的爱。

（三）请幼儿和家长展示他们间的互动。

（四）小结：今天我们和孩子一起读了这本书，在美丽的森林里一起为世界上最纯真美好的爱所感动。我想对爸爸妈妈们说请多和你的孩子交谈，对他微笑，拥抱他，向他表达我们的爱；在他的幼年阶段，使他学会爱父母、爱朋友、爱老师、爱这个世界。我也想对小兔子们说，快起身到大兔子身边去吧，小手牵大手，回到温暖的家中，快乐幸福地生活。

（设计者：金　沙）

阅读区活动案例

云娃娃（小班）

图书解析

《云娃娃》以彩色铅笔的绘画形式呈现画面，每一页以淡淡的蓝色天空为背景。画面简洁干净、色彩亮丽，给人以温柔、舒服的阅读感受。绘本讲述了云娃娃多变的形象，它感受到“没有固定的形状”的苦恼，后来发现“没有固定形状就是我的形状”，从而接纳自己、快乐生活。

《云娃娃》封面

主线

云娃娃认识自己、接纳自己的过程。

预期阅读重点

理解画面内容，充分进行想象，能够根据画面意思进行大胆表述。

预期阅读难点

在阅读中能够感受并理解云娃娃前后情绪的变化以及原因。

可能拓展的活动

运用棉花、超轻黏土粘贴出不同云娃娃的形状。

（设计者：杨建明）

小蛇散步（小班）

图书解析

《小蛇散步》讲述的是一条小蛇利用自己的身体搭成一座桥，帮助蚂蚁、蜗牛、老鼠等小动物以及狗、狮子、大象等大动物过水坑的故事。虽然大动物都快将小蛇压扁了，可是小蛇还是坚持帮助它们过了水坑。绘本中小蛇的身体和表情很夸张，幼儿很容易就被小蛇吸引、逗笑。将此绘本投放在阅读区中，让幼儿在自主阅读中发现小蛇身体的变化和夸张的表情，感受小蛇乐于助人的品质。

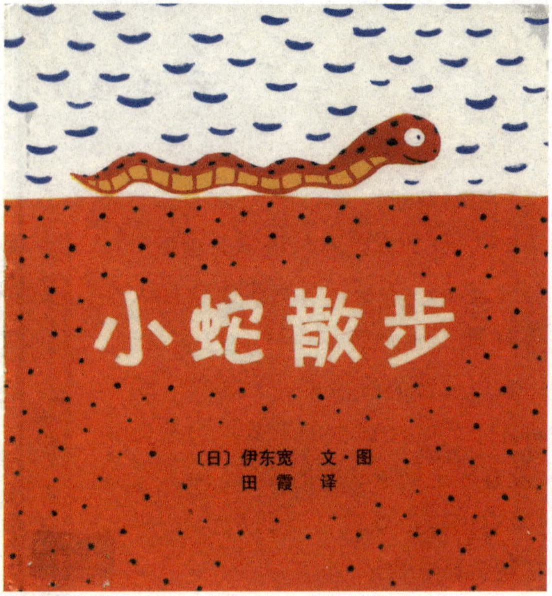

《小蛇散步》封面

主线

小蛇用自己的身体帮助了不同的动物。

预期阅读重点

能发现小蛇用自己的身体搭桥，帮助不同的小动物过水坑。

可能拓展的活动

1. 将水坑、小蛇、蜗牛、老鼠、狮子、大象等制成故事盒，让幼儿自主讲述。

2. 根据绘本内容进行想象和续编：小蛇又出门散步了，它可能又帮助了哪些动物？

（设计者：李璐瑶）

不，不行！（小班）

图书解析

《不，不行！》的画面形象生动，对话简洁，贴近幼儿刚入园的心理状态。该书描述的是小熊奥克塔第一天上幼儿园，不愿和老师、同伴一起游戏，之后在老师的引导下融入了幼儿园的活动。该绘本特别适合在小班幼儿刚入园时阅读，幼儿能从绘本中寻找到自己入园时的影子并得到共鸣。像奥克塔刚入园时说“不，不行！”到慢慢接受幼儿园的活动一样，大部分幼儿需要经历一个过程，正如绘本中拉乌尔说的：“也许我们得给他一些时间……”

《不，不行！》封面

主线

奥克塔从不愿上幼儿园到融入幼儿园游戏的过程。

辅线

从绘本中感受与老师、同伴一起游戏的快乐。

预期阅读重点

观察奥克塔的表情，了解他的情绪及变化过程。

预期阅读难点

理解绘本最后一个画面中奥克塔回答妈妈：“不，不行！”

可能拓展的活动

学会礼貌地发起或接受邀请，体验和同伴一起玩的乐趣。

温馨提示

本书适合在小班幼儿刚入园时阅读。

（设计者：姚雨桐）

我要拉㞎㞎（小班）

图书解析

《我要拉㞎㞎》是一本充满童趣的翻翻书，形象生动地展现了河马、小猪和小老鼠三只动物上厕所的过程。该书贴近小班幼儿的生活实际和年龄特征，能让幼儿了解拉㞎㞎的正确步骤，并在阅读小动物在上厕所的过程中知道有哪些好习惯。

该书游戏性很强。投放在阅读区，幼儿会通过翻一翻、找一找、看一看的方式初步自主阅读，进而引发思考动物要走到哪个门上厕所才合适，并了解上厕所的脱裤子、关门、擦屁股、冲水、洗手等环节。

《我要拉㞎㞎》封面

主线

书中围绕河马、小猪、小老鼠三只动物上厕所的过程展开，贯穿了找厕所、敲门、拉㞎㞎、冲厕所、穿裤子、洗手等环节，让幼儿了解上厕所的正确顺序。

辅线

大小对应：不同大小的动物上对应大小的厕所。

卫生习惯：上厕所要关门、不玩卫生纸、拉完㞎㞎要洗手、穿裤子。

预期阅读重点

1. 认真观察画面，理解故事内容，了解上厕所的正确顺序。

2. 能注意到书中的细节，如不同的动物上的厕所是怎样的、它们的卫生习惯是否正确、丢掉的短裤是谁的。

温馨提示

可让幼儿排列故事中动物上厕所的环节图片，排一排顺序，说说上厕所的正确步骤。

（设计者：龚　彦）

看，脱光光了！（小班）

图书解析

《看，脱光光了！》描述了一个小男孩装扮成一只活泼可爱的小狮子，在洗澡前由外到内脱掉衣服的过程。书的结尾，幼儿会惊喜地发现原本可爱的小狮子变成了小男孩。本书内容简单，且每一页都有新的内容和惊喜，能激发幼儿在自主阅读的过程中不断地逐页翻阅、认真观察。

《看，脱光光了！》封面

主线

小男孩由外到内一件件脱掉衣服的过程。

辅线

喜欢洗澡，养成良好的卫生习惯。

预期阅读重点

能认真观察绘本中角色每一次的形象变化。

预期阅读难点

理解绘本最后小熊脱掉最后一件外套变成了小男孩。

温馨提示

教师可导读，引导幼儿在阅读之前理解封面的含义，从而激发幼儿阅读绘本的兴趣。

（设计者：郝哲欣）

爱吃水果的牛（小班）

图书解析

《爱吃水果的牛》讲述了一只爱吃水果的牛，喜欢吃各种各样的水果。当主人和他的邻居们感冒的时候，只有这只牛没有生病，还产出了许多水果牛奶。大家喝了水果牛奶，病都好了，都变成了爱吃水果的人。本书情节简单，充满想象力和趣味，非常适合小班幼儿阅读。在阅读区可以引导幼儿说一说认识哪些水果、爱吃哪些水果，知道平时多吃水果可以让我们的身体更加健康。

《爱吃水果的牛》封面

主线

牛吃各种水果并产出各种水果牛奶，帮助主人和邻居们恢复了健康。

辅线

认识不同形状的水果。

预期阅读重点

能初步从色彩、形状、大小等方面描述各种水果。

温馨提示

投放若干水果图片或水果牛奶图片，请幼儿说一说是什么水果、这种水果是什么样子的，以及某种颜色的水果牛奶是由什么水果做成的。

（设计者：龚　彦）

我不想离开你（小班）

图书解析

《我不想离开你》围绕着袋鼠妈妈帮助小袋鼠离开育儿袋的过程展开：小袋鼠一天天地长大了，袋鼠妈妈想让小袋鼠离开育儿袋，学会独立行走，过程中蕴藏着袋鼠妈妈和小袋鼠之间的不舍之情，就像刚入园时的幼儿表现出来的分离焦虑。这本绘本适合放在小班阅读区，让幼儿感受妈妈的爱，缓解分离焦虑。

《我不想离开你》封面

主线

小袋鼠从不愿意离开妈妈的育儿袋到独立行走的过程。

辅线

袋鼠妈妈对小袋鼠的爱。

预期阅读重点

了解小袋鼠看到的各种场景。

预期阅读难点

第 7、8 页，需要幼儿把两个单独的画面联系起来，并在观察小袋鼠和袋鼠妈妈的动作、表情的基础上，串联袋鼠妈妈和小袋鼠之间的对话。

可能拓展的活动

根据绘本内容进行想象和续编：小袋鼠还会遇到哪些小伙伴，会发生什么事？

（设计者：翁美雅）

咕噜玩捉迷藏（小班）

图书解析

《咕噜玩捉迷藏》是一本画面温馨、色彩淡雅清新、文字极少的绘本。这本书描述了咕噜、糊糊、咕咕、小黑、咪咪和阿黄一起玩捉迷藏的过程：小伙伴们陆续被找出来了，而咕噜藏在了一个很“安全”的地方，就在大家集体寻找咕噜的时候，一只蜘蛛悄悄爬到了咕噜身边，吓得咕噜“啊!”的一声暴露了自己。绘本展现了小狗咕噜及它的好朋友们一起游戏的情景，充满了童真童趣，让幼儿感受到和朋友共同游戏的快乐。

《咕噜玩捉迷藏》封面

主线

咕噜和好朋友们一起玩捉迷藏的过程。

辅线

咕噜和好朋友之间团结友好、纯洁亲密的关系。

预期阅读重点

了解捉迷藏时糊糊相继找到好朋友以及大家一起寻找咕噜的过程。

预期阅读难点

第18～21页，需要幼儿通过观察咕噜和好朋友们的动作、表情来想象故事情节，揣测好朋友之间的对话和咕噜的心理变化。

可能拓展的活动

根据绘本内容进行想象和续编：接下去谁是“鬼”，大家会躲在哪里？

（设计者：翁美雅）

金教鞭

亲爱的动物园（小班）

图书解析

《亲爱的动物园》讲的是“我”向动物园写信，请他们送“我”一只宠物的故事。动物园分别寄来了笨重的大象、高高的长颈鹿、凶猛的狮子、脾气不好的骆驼、吓人的蛇、调皮的猴子、蹦来蹦去的青蛙，可这些都不适合当宠物，最后“我”得到了一只很棒的小狗。

《亲爱的动物园》封面

这是一本充满童趣的翻翻书。翻阅这本绘本，俨然是一次动物园之旅。该书页中页的设计使每一只动物的出场充满了神秘感，幼儿通过画面中提供的线索猜测动物，并可以翻开小页来验证自己的猜测，让他们感受成功的快乐。

主线

“我”从动物园寄来的礼物中筛选宠物的过程。

辅线

了解动物的特征，明白部分动物不适合当宠物的原因。

预期阅读重点

能认真观察画面上提供的线索，大胆猜测寄来的是什么动物。

预期阅读难点

知道一些动物不能当宠物的理由。

可能拓展的活动

提供书中出现的动物的图片，让幼儿说一说它们是否能当宠物并说明理由。

（设计者：陈晓玲）

一人一半刚刚好（小班）

图书解析

《一人一半刚刚好》是一本关于分享的绘本，讲述了两个好姐妹不管什么东西都要分成一人一半。在分糖果、苹果、彩纸、绸带、积木的过程中，姐妹根据物品的数量、体积、形状等进行平分，顺利地解决了平分的难题。在我们的日常生活中，并不是所有东西都能平分。姐妹两个在分宠物小猫时，结局非常温暖又让人意外。

《一人一半刚刚好》封面

这本书融入了数学、认知等，让幼儿在看看、读读、想想中学会了平分，也懂得了拥有一颗友爱的心比获得物质上的满足更加重要。

主线

两个小姐妹相亲相爱、能分享不同物品。

辅线

小姐妹的表情变化以及画面上的细节；主人公想和对方共同拥有物品的心情，感受分享的喜悦。

预期阅读重点

了解用不同的方法分享各种物品。

预期阅读难点

平分积木木马的时候，积木被拆得“乱七八糟”，思考该怎么分既能平均分又能玩起来。

可能拓展的活动

根据绘本内容，提供各种物品图片让幼儿讲述分享的方法，进行想象和续编。

（设计者：陈晓玲）

玩具不玩送回家！（小班）

《玩具不玩送回家！》封面

图书解析

《玩具不玩送回家！》通过设计精巧的翻页、充满童趣的画面，让小班幼儿在寻找隐藏在翻页后的玩具时感受玩具宝宝被乱放的伤心和难过，从而产生共鸣，养成爱护玩具、整理玩具的好习惯。

主线

歪歪兔发现被乱扔的玩具，并把它们逐一送回原处。

预期阅读重点

观察画面，理解歪歪兔将玩具送回家时的快乐心情。

（设计者：林　立）

我是一条快乐的鱼（小班）

图书解析

《我是一条快乐的鱼》呈现的是在大海的深处，生活着各种各样的鱼，有的鱼很大，有的鱼很小；有的鱼长长的，有的鱼短短的；有的鱼是白色的，有的鱼是黑色的……幼儿能发现绘本中每一页鱼的不同，寻找自己最喜欢的鱼，并用语言表述。绘本最后的大拉页将所有的鱼呈现在幼儿眼前，有利于引发幼儿观察、发现不同特点的鱼。

《我是一条快乐的鱼》封面

主线

鱼的不同特征（大、小，长、短，黑、白等）。

辅线

不管是什么鱼，生活在大海中都是快乐的。

预期阅读重点

观察鱼的不同特点，并能用简单的语言描述。

预期阅读难点

“绅士风度”和“蓬头散发”比较难理解，可引导幼儿说出一条爱干净、一条乱糟糟即可。

可能拓展的活动

提供绘本中鱼的图片，供幼儿选择自己喜欢的图片进行涂色；根据绘本内容找出与图片相反的鱼配对（如“大大的”与“小小的”配对、“长长的”与“短短的”配对）。

（设计者：林　立）

走开，绿色大怪物！（小班）

图书解析

《走开，绿色大怪物!》中怪物五官逐一出现又逐一消失，前半部分和后半部分中怪物的变化，让幼儿在翻书的过程中感受怪物的五官呈现递增和递减的过程。该书采用镂空叠加的设计方式，色彩鲜艳、画面简单、形象夸张，适宜投放在小班阅读区让幼儿多次阅读，体验赶走怪物、战胜恐惧的心理。

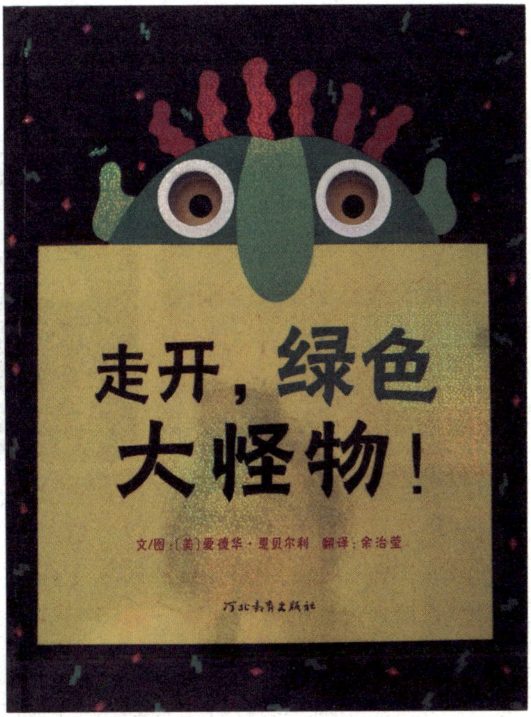

《走开，绿色大怪物!》封面

主线

大怪物出现与消失的过程。

预期阅读重点

1. 学会观察画面并愿意大胆表述绿色大怪物五官的趣味造型。

2. 学说“走开，……”来赶走绿色大怪物。

预期阅读难点

发现绘本前半部分和后半部分中怪物的变化、大怪物五官呈现递增和递减的过程。

可能拓展的活动

在美工区投放各种材料，引导幼儿用镂空、泥塑、绘画等方式制作怪物。

（设计者：黄华珍）

黄色的……是蝴蝶！（小班）

图书解析

《黄色的……是蝴蝶！》讲述了充满猜测和童趣的故事：小男孩拿着捕蝶网，一边嘴里念着“黄色的……是蝴蝶”，一边试图抓住他看到的黄色的“蝴蝶”。可是，结果总是出人意料，他没有抓到蝴蝶，而是抓到了小花、果实、小鸡、气球等，甚至还抓到了工人叔叔的安全帽……这些都是生活中幼儿很熟悉的事物，又特别有新意，令人意外。将此绘本投放到阅读区中，能让幼儿在自主阅读中跟着小男孩的捕蝶网，不断地去捕捉“蝴蝶”，发现误抓的不同事物。

《黄色的……是蝴蝶！》封面

主线

小男孩在抓蝴蝶的过程中抓到了不同事物。

辅线

不同黄色事物的背景不同。

预期阅读重点

能观察镂空的页面，大胆猜测不同的事物。

可能拓展的活动

根据绘本内容进行想象和续编：小男孩吃完饭以后又出门去捕蝴蝶，他可能抓到什么？

（设计者：李璐瑶）

摔倒了，我自己站起来！（小班）

《摔倒了，我自己站起来！》封面

图书解析

《摔倒了，我自己站起来！》是一本趣味性十足的、精美的翻翻书，形象生动地展现了歪歪兔、乖乖羊和威威龙摔倒后自己站起来。该书非常适合小班幼儿阅读，游戏性很强，精巧的翻页设计给幼儿带来了惊喜，仿佛捉迷藏一般，让幼儿感受到发现的乐趣、愉悦与满足，能激发幼儿自主阅读的兴趣。

主线

歪歪兔、乖乖羊和威威龙摔倒后想办法站起来。

辅线

1. 在同伴的帮助下，积极克服困难。
2. 靠自己的力量站起来。

预期阅读重点

了解威威龙摔倒后自己站起来了。

温馨提示

根据绘本内容，提供图片让幼儿讲述和续编。

（设计者：陶春美）

鼠小弟的又一件小背心（小班）

图书解析

《鼠小弟的又一件小背心》色彩柔和、制作精美，干净的白色背景与纯净的粉红色边框相结合，非常适合小班幼儿阅读。绘本围绕鼠小弟慷慨地把小背心借给鼠小妹后发生的故事展开：鼠小妹把小背心借给了小鸭，小鸭到水里游了一圈，小背心全湿了、变长了，连颜色都掉了。鼠小妹“哇哇”大哭地走了。这时候，海狮来解围，说：“没关系，让我穿穿看。”结果小背心一次次地被撑大。

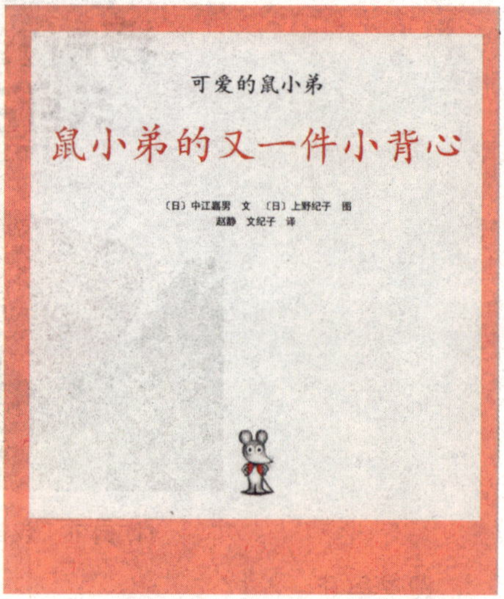

《鼠小弟的又一件小背心》封面

主线

鼠小弟把新背心借给鼠小妹，小背心又被多次借走，发生变大、褪色等变化的过程。

辅线

小背心借给不同动物会发生不一样的变化。

预期阅读重点

理解小背心被撑大的原因。

预期阅读难点

知道鼠小弟找自己的小背心，其实大象的背心就是它的。

温馨提示

如果幼儿看过“可爱的鼠小弟”系列绘本中《鼠小弟的小背心》，教师可将此书投放在阅读区供幼儿自主阅读。

（设计者：陶春美）

快跑快跑（中班）

图书解析

《快跑快跑》是一本画面清晰且趣味十足的绘本，讲述了各种动物逃避各自天敌的过程。全书一问一答的句式，能帮助幼儿理解动物之间捕食者与被捕食者的关系。全书形象生动的内容，适合中班幼儿阅读。一开始被青蛙追赶的小蜜蜂最后却让勇敢的猎人害怕不已，这令人惊讶的结尾能给幼儿带来很大的启发：每个人都有自己的弱点但也有自己的优势，应当正视自己。

《快跑快跑》封面

主线

动物快跑，逃避天敌（捕食者），逐步引出动物之间捕食者和被捕食者的关系。

预期阅读重点

第1～4页，理解小蜜蜂快跑的原因是青蛙在追赶它，学习一问一答的句式来表达动物之间捕食者与被捕食者的关系。

预期阅读难点

1. 根据上一页内容猜测下一页中即将出现的被捕食者和捕食者分别为哪些动物。

2. 理解书中前后呼应的情节，即躲避青蛙的小蜜蜂最后却变成了猎人最害怕的动物。

可能拓展的活动

1. 在阅读区投放相应的动物图卡，引导幼儿在图卡中找出相应的捕食者和被捕食者配对，并两两尝试用绘本中一问一答的句式进行对话。

2. 在阅读区投放一些和动物的习性相关的科普类绘本，拓展幼儿的知识经验。

（设计者：徐灵芳）

里面外面（中班）

图书解析

《里面外面》以一个小男孩正在进行的活动为线索，描绘房子的里面和外面随着季节的变换而发生的种种变化。前一页还在“房子里面”，翻一页就到了“房子外面”，在循环交替中，让幼儿加深对“里面”和“外面”两个方位的认识。该书是一本无字书，画面十分丰富，一个个变幻的小窗口就像一面面会变魔术的镜子吸引着幼儿不断探究。本书非常适合中班幼儿阅读。

《里面外面》封面

主线

在“里面”与“外面”的不断转换中，感受空间的变幻、感知事物局部与整体的关联。

辅线

四季更替、气候转换以及春播夏种、秋收冬藏等跟季节相关的知识。

预期阅读重点

在阅读中理解“里面”和“外面”这两个方位词。

预期阅读难点

能发现绘本的有趣之处，知道页面翻转之后，窗口画面方位发生的变化，并用语言表述出来。

可能拓展的活动

1. 提供立体小屋模型和物体卡片，引导幼儿寻找并用正确的方位词描述卡片上对应物体的方位。

2. 提供书中四季的相关图片和分类篮，引导幼儿根据画面信息进行分类游戏。

（设计者：徐燕华）

咕叽咕叽（中班）

图书解析

《咕叽咕叽》讲述的是一只名叫咕叽咕叽的小鳄鱼从认为自己是一只鸭子到发现自己是一只鳄鱼，再到坚信自己是一只鳄鱼鸭的故事。咕叽咕叽对自己身份认知的三个阶段，构成图书中的三个部分。曲折的情节、清新特别的画风、可爱逗趣的形象，适合中班幼儿自主阅读。

《咕叽咕叽》封面

主线

咕叽咕叽对自我身份探索与认知的过程。

辅线

咕叽咕叽与鸭妈妈一家幸福的生活，并在遇到三只坏鳄鱼后勇敢地打败它们。

预期阅读重点

1. 理解咕叽咕叽对于自己身份的认同与接受。
2. 学会接纳自己，在遇到危险时能发挥自己的能力。

预期阅读难点

1. 感受咕叽咕叽在发现自己不是鸭子而是鳄鱼后的内心变化。
2. 理解咕叽咕叽觉得自己是鳄鱼鸭的原因。

可能拓展的活动

1. 引导幼儿想象、创编打败坏鳄鱼的方法。
2. 提供鸭子、鳄鱼等头饰和石头、桥等道具，供幼儿自主表演。

（设计者：吴妍芬）

来喝水吧（中班）

图书解析

《来喝水吧》它既是数数书，又是解谜书，还是故事书和美术书，更是环保书。作者带领我们走进一个隐秘的水洼，动物们不约而同来到这里，只想把水喝饱。它们和睦相处，不争抢也不打闹。这本书中数字的色彩与动物纹理是一致的，动物面对水源时丰富的表情、一群无处不在的青蛙等，都会让幼儿忍不住反复翻阅，适宜放在阅读区中供幼儿自主阅读。

《来喝水吧》封面

主线

随着来水洼边喝水的动物种类数量不断增加，水洼里的水逐渐减少直至干涸，最后因为一场大雨，水又有了，动物们回来了。

辅线

1. 感受水是生命之源，水是可以循环的。
2. 人类和动物都离不开水，我们应该珍爱水源。

预期阅读重点

理解当十只袋鼠来到水洼边，发现一滴水也没有时的表情和心情。

预期阅读难点

发现贯穿书中的青蛙以及它们的表情变化。

可能拓展的活动

在科学区中投放世界地图，引导幼儿了解动物生存的地理位置及关系，如犀牛生活在非洲，那里有大草原和热带雨林。

温馨提示

阅读绘本前可以引导幼儿了解书中动物的名称及生活习性。

（设计者：金　沙）

别跑，球！（中班）

图书解析

《别跑，球!》讲述了一个小红球抛出去后，一路弹跳，黄狗追逐，在不同之处和不同的人发生互动，发生了许多有趣的事……

《别跑，球!》封面

全书的画面简洁，文字很少，书中描述了小红球经过触地、弹起这一反复的过程，每到一处只有一句："加油，狗狗！抓住它!"

绘本中小红球所到每个地方的场景都有大小不同的翻页，在翻页之间呈现出了小红球的动态变化，感觉像在看动画片。每一页都有点相似但又都有变化，可以让幼儿多次翻阅、多次观察，适合中班幼儿自主阅读。

主线

大黄狗一路追逐弹跳的小红球，在不同之处和不同的人发生互动。

预期阅读重点

大黄狗追寻小红球，所到不同之处，每个人物的一举一动都不一样，他们的表情各不相同。幼儿需要发挥自己的想象，用完整、连贯的语言来描述小红球所到之处发生的故事。

预期阅读难点

观察小红球在同一个地方发生的故事时，翻页之间会出现不同的大小页面。小球穿梭于各个不同的场景之间，形成一定的动态变化。即使在同一个场景，人物的表情、心理状态都会有不同的变化，需要引导幼儿观察、发现其中的变化。

（设计者：林丽清）

蚂蚁和西瓜（中班）

图书解析

《蚂蚁和西瓜》是一本富有趣味性的绘本。简洁的线条和略显夸张的画风，让这本书从头至尾都散发出一种轻松、幽默的味道。它讲了一群蚂蚁是如何将一块被游客遗忘在地上的西瓜分割、搬运、带回蚂蚁窝，最后用西瓜皮做了个滑梯的故事。全书没有多少文字，但每一只蚂蚁的神态、动作都和其他蚂蚁不同。幼儿可以根据这些画面讲出一个特别长也特别好玩的故事。

《蚂蚁和西瓜》封面

主线

蚂蚁发现西瓜、吃西瓜、召集同伴、最终合作运西瓜的过程。

辅线

蚂蚁们勤劳、乐天、聪明和团结合作的精神。

预期阅读重点

观察蚁穴的每个房间和房间里蚂蚁们的表情、动作，了解蚁穴的基本构造和功能。

预期阅读难点

发现带着黑帽子的蚂蚁，它在整个运西瓜过程中一直处于领导者地位。

可能拓展的活动

1. 请幼儿讲述“西瓜皮搬回去后可以做些什么？”并用绘画的方式将自己的想法记录下来。

2. 投放蚂蚁头饰和西瓜道具，引导幼儿进行角色对话。

温馨提示

该书适合直接投放在阅读区供幼儿自主阅读。

（设计者：金　沙）

金教鞭

谁的自行车（中班）

图书解析

《谁的自行车》讲述了小男孩和不同的动物骑着自己的自行车在路上遇到不同自行车的故事。随着一辆辆独特的自行车的出现，幼儿会萌发好奇心，他们会根据自行车的外形特征猜测自行车的主人，而当答案揭晓时能体验到猜测的快乐。此图书适合投放到中班阅读区供幼儿自主阅读，幼儿能随着图书中的线索不断观察、猜测、验证自行车的主人。

《谁的自行车》封面

主线

小男孩和动物们发现各种奇特的自行车及自行车主人的出现。

辅线

发现和了解各种动物的特点与习性。

预期阅读难点

发现自行车的特点与动物特征存在关联。

可能拓展的活动

1. 延伸至科学区，认识常见动物的特点和习性。
2. 延伸至美工区，为其他动物设计自行车。

（设计者：罗　俊）

我的连衣裙（中班）

图书解析

《我的连衣裙》中，小兔子穿上自己做的白色连衣裙，来到花田里，裙子变成花朵花样；来到雨里，裙子变成了雨点花样……小兔子的连衣裙根据场景的不同变出不同的花样。线条十分简单，看上去就像是幼儿的涂鸦。正因为这样，这本书的内容让幼儿觉得更加熟悉和亲切，尤其适合中班幼儿阅读。

《我的连衣裙》封面

主线

小兔子穿上白色连衣裙，来到花田里、雨里、草籽里、鸟群里、彩虹上、晚霞里、星空里，连衣裙根据不同的场景变出了不同的花样。

预期阅读重点

通过阅读，能自己观察、发现场景的变化与小兔子连衣裙花样的变化存在着关联，并猜测出下次连衣裙花样的变化。

预期阅读难点

通过自主阅读发现这本书有一个不断重复的结构，发现画面以“1”“2”“3”的形式不断重复着，并能从画面“1”中发现画面“2”场景的暗示，随即猜测出画面“3”中连衣裙花样的变化。

可能拓展的活动

根据图书内容进行想象和续编：让幼儿想象小兔子又会到哪些不同的场景，连衣裙的图案又将发生什么变化。

（设计者：陈　姝）

会说话的手（中班）

《会说话的手》封面

图书解析

《会说话的手》讲述了不同的手势可以表达不同的意思。书里的各种手势都非常贴近幼儿的生活，画面温馨，符合中班幼儿的年龄特征。教师将该图书投放到阅读区，可引导幼儿从不同的情境中理解不同手势的意思，通过猜想，大胆地将手势所代表的意思表达出来。

主线

不同的手势在不同场景中代表不同的意思。

预期阅读重点

观察不同的情境，猜测手势的意思。

预期阅读难点

理解小男孩帮奶奶找到了老花镜，爸爸竖起大拇指夸赞了他。

可能拓展的活动

阅读区中投放不同手势的图片，让幼儿猜测这些手势代表的意思。

（设计者：陈　凌）

彩虹色的花（中班）

《彩虹色的花》封面

图书解析

《彩虹色的花》叙述的是一个温暖人心的故事：春天来了，冰雪还未融化，在空旷的原野上开了一朵彩虹色的花。它终于能见到太阳了，十分高兴，并且由衷地希望跟大家分享自己的快乐。蚂蚁、蜥蜴、老鼠、小鸟和刺猬遇到了困难，为了帮助小动物，花儿每次慷慨地把自己的花瓣送给他们。小动物们的问题解决了，心满意足地走了，彩虹色的花也分享着它们的快乐。随着季节的变换，彩虹色的花慢慢枯萎老去，被掩盖在白茫茫的雪地里。冬去春来，彩虹色的花又回来了，又见到了太阳。

主线

彩虹色的花用自己的花瓣帮助五只小动物解决了困难。

辅线

1. 用来帮助小动物的花瓣的色调由暖转冷，体现出彩虹色的花的心情由快乐逐渐转为悲伤。

2. 花瓣的颜色也反映出季节从春到冬的变换。

金教鞭

预期阅读重点

能观察画面，猜测彩虹色的花与动物之间的对话。

预期阅读难点

第 28 页，随着彩虹色花的生命的结束，似乎故事也可以结束了。但是第 29、30 页中，雪中升起了彩虹，小动物们望着彩虹，可是黑暗的天空怎么会出现彩虹呢？其实这只是一种想象。寒冷的夜空中出现了一道彩虹，让人的心里有了一丝温暖。幼儿需要从图画和文字中读出更多的内容，从阅读中学会思考和领悟，明白彩虹色的花虽然枯萎消失了，但是它永远活在小动物们的心中。

《彩虹色的花》内文画面

可能拓展的活动

根据绘本内容进行想象和续编《再开的彩虹色的花》，让幼儿想象再次开放后的彩虹色的花又会遇到哪些动物并且怎么帮助它们。

温馨提示

该书适合在集体教学后投放在阅读区。

（设计者：陈　姝）

我有这样吗？（中班）

图书解析

《我有这样吗？》讲述的是“我”和“妈妈”在动物园里看到不同动物，“妈妈”说“我”小时候跟这些小动物很像：好小好小、呱呱叫个不停、头发短短的、只喝妈妈的奶、整天都在睡觉……而“我”认为现在的“我”长大长高了、头发长长了、什么都吃、会走路还会跑……内容贴近幼儿生活，画面生动有趣。该图书投放到阅读区，可以让幼儿了解自己婴儿时期的样子，感受成长的变化。

《我有这样吗？》封面

主线

主人公在动物园里看到不同动物宝宝的样子，逐步发现自己的成长变化。

辅线

“妈妈”爱“我”，“我”爱“妈妈”，相亲相爱。

预期阅读重点

了解动物小时候好小好小、呱呱叫个不停、头发短短的、只喝妈妈的奶、整天都在睡；理解小时候的动物与婴儿时期的“我”的相似点，知道长大后的“我”的特点。

预期阅读难点

1. 最后一页，理解“但我还是好喜欢妈妈的背”。

2. 理解第5～22页是“妈妈”和“我”之间的对话，左边页面的内容是“妈妈”说“我”婴儿时的样子跟小动物一样，右边是“我”的质疑和回答。

可能拓展的活动

区域中投放幼儿小时候及现在的照片，让幼儿说说自己小时候的样子以及现在会做的事。

（设计者：陈　凌）

小真的长头发（中班）

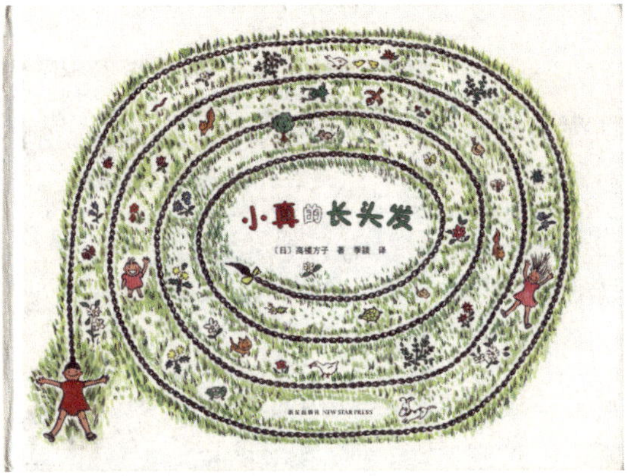

《小真的长头发》封面

图书解析

《小真的长头发》是一本充满童趣、有着天马行空般想象的图书。书中黑白画面和彩色画面交错出现，以此来区分现实与想象。在小真的想象中，她的长头发能够钓鱼、套牛、当被子、晾衣服。除此之外，她还想象利用河流、妹妹帮忙打理头发。中班幼儿已经有了爱美的意识，对长头发充满了憧憬。将此图书投放在阅读区中供幼儿自主阅读，能让幼儿沉浸在小真的想象中。

主线

小真想象自己拥有长头发后会发生的一系列事情。

预期阅读重点

能通过画面理解小真想象的内容，感受奇思妙想，体验想象的夸张和有趣。

预期阅读难点

知道黑白页面是现实，彩色页面是小真的想象。

可能拓展的活动

1. 根据绘本内容进行想象和续编：小真的长头发还可以做什么？
2. 开展自制图书活动“我的长头发”。

（设计者：吴妍芬）

我的兔子朋友（中班）

图书解析

《我的兔子朋友》画面线条浓重、色彩厚重、形象鲜明，同时又留有适当的空白给予读者充分的想象空间。绘本以小老鼠的口吻讲述了“我”的兔子朋友很好，但无论它去哪里、做什么，肯定要惹麻烦，不过它依然是“我”的好朋友……这是一个关于宽容的故事，在令人欢欣的画面背后，含蓄地表达了关于耐心和忠诚的主题。

《我的兔子朋友》封面

主线

小老鼠讲述了它的兔子朋友为够取挂在树上的飞机，而引发的一系列麻烦。

辅线

1. 对朋友要宽容。

2. 要用合理的方式解决问题。

预期阅读重点

理解画面内容，充分进行想象，能够根据画面意思进行大胆表述，理解兔子的行为；理解动物梯子倒塌的原因。

预期阅读难点

理解为何小老鼠会返回来救兔子。

（设计者：杨建明）

藏猫猫　藏猫猫（中班）

图书解析

《藏猫猫　藏猫猫》围绕着动物们玩捉迷藏游戏的过程展开。书中前后页之间联系密切，给人以无限的猜想。捉迷藏是幼儿非常喜欢的游戏，可是这本书里的捉迷藏与众不同，动物们用来躲藏的草堆、石头、大树和小山居然都会说话，云雾散开后雷神出现，这才发现原来草堆、石头、大树和小山都是在玩捉迷藏的动物。绘本中充满神秘色彩的捉迷藏游戏能够充分调动幼儿的阅读兴趣，引发幼儿大胆猜测与表达。

《藏猫猫　藏猫猫》封面

主线

以小老鼠玩捉迷藏游戏寻找遮蔽物为主线，逐步引出每一个看起来是草堆和石头等的遮蔽物其实是狐狸和犀牛等动物。

预期阅读重点

理解绘本的开头，小老鼠当作遮蔽物的草堆其实是一只能说话的狐狸。

预期阅读难点

能根据草堆、石头、大树和小山的特征，猜测正在玩捉迷藏游戏的分别是哪些动物。

可能拓展的活动

1. 在阅读区中引导幼儿创编图书内容，大胆猜想还有哪些动物会来玩捉迷藏游戏。

2. 利用户外活动时间开展捉迷藏游戏，鼓励幼儿寻找与众不同的遮蔽物。

（设计者：林丽清）

首先有一个苹果（中班）

《首先有一个苹果》封面

图书解析

《首先有一个苹果》中，作者用一个苹果、两条虫子、三只鸟、四个猎人、五只狗、六只熊、七条小船、八只乌龟、九条鱼、十个蜂窝和“数不清”的蜜蜂，巧妙地把原本枯燥乏味的数字融入了形象生动的故事中，以一种既好玩又有趣的方式表达了数字的概念，符合幼儿形象化的思维方式。故事的细节非常丰富，重复中又暗含着变化，在故事结束后又重新理顺头绪，回到原点。这样的处理如同魔术中的把戏，让幼儿快乐无穷。

主线

一个苹果引发出的一系列动物、人物和物品的故事。

预期阅读重点

感受 10 以内数量逐渐递增的关系。

预期阅读难点

感受故事所蕴含的事物间的关系。

（设计者：罗　俊）

小熊总有好办法（中班）

图书解析

《小熊总有好办法》描述了小熊在散步的过程中遇到不一样的动物，并为动物们画上相对应东西的过程。书中画面细节具有暗示性，能引发幼儿的大胆猜测。散步中的小熊遇到每一个动物都会问好，并结合大猩猩、鳄鱼、狮子和大象的特征与需要，分别为它们画了小熊玩偶、喇叭、皇冠和小老鼠。全书趣味十足，适合中班幼儿阅读。

《小熊总有好办法》封面

主线

小熊为不同的动物画相对应的东西。

预期阅读重点

第1～4页，根据画面细节猜测小熊遇到的动物是谁（大猩猩），理解小熊为大猩猩画小熊玩偶的原因。

预期阅读难点

能根据细节猜测接下来小熊即将遇到的动物，并理解小熊为每一个动物画相对应的东西的原因。

可能拓展的活动

续编绘本内容：小熊散步的过程中还会遇到谁、可能为它画什么？

（设计者：徐灵芳）

从窗外送来的礼物（中班）

图书解析

《从窗外送来的礼物》讲述了平安夜一个粗心的圣诞老人给大家送礼物的故事。该书采用了镂空的设计方式，每页都有一个黑色的小窗口，圣诞老人正是透过这儿向屋子里的主人送去礼物。这样的设计符合幼儿的好奇的特点，深受幼儿喜欢。在阅读的过程中，幼儿会不断地回翻前面的页面进行验证和对比，最终发现糊涂的圣诞老人完全搞错了对象、送错了礼物。这样幽默有趣的设计令幼儿捧腹大笑。

《从窗外送来的礼物》封面

主线

粗心的圣诞老人通过窗口判断屋子的主人并送错礼物。

辅线

看事情要全面，不能只看局部。

预期阅读重点

能仔细观察画面细节。

预期阅读难点

最后两页是阅读的难点。大家收到了错误的礼物，心情是怎样的呢？他们能欣然接受这样的错误吗？幼儿看到这里容易产生争论，需要教师引导幼儿观察小动物的表情和动作，做出合理的推测。

可能拓展的活动

1. 根据绘本画面，制作“窗口图案—礼物—窗后”的动物连线板，帮助幼儿梳理绘本内容和主线。

2. 根据绘本内容进行想象和续编：圣诞老人发现礼物送错了以后，他会怎么做？会发生什么事？

（设计者：徐燕华）

咕噜牛（大班）

图书解析

《咕噜牛》画面丰富，角色对话重复，情节既有重复又有转折，讲述了一只小老鼠运用自己的机智吓跑了敌人的故事。绘本的动物形象鲜明，符合幼儿的兴趣和年龄特征。小老鼠遇到敌人所表现出的机智能给幼儿很大的启发：遇到困难不要退缩，积极开动脑筋克服困难。

《咕噜牛》封面

主线

小老鼠运用机智吓跑敌人的过程。

预期阅读重点

理解咕噜牛令人害怕的外形特征是小老鼠机智吓走敌人的原因。

预期阅读难点

第 25 页，画面内容是咕噜牛害怕地逃离了小老鼠。这一页需要幼儿将前面的内容加以联系、想象、推理，发现咕噜牛逃走的原因。

可能拓展的活动

1. 仿编故事。提供纸笔，请幼儿运用绘画或符号仿编故事。

2. 表演故事。提供老鼠、狐狸、咕噜牛等头饰或道具，供幼儿根据故事内容自主表演。

（设计者：陈晓莉）

华夫先生！（大班）

图书解析

《华夫先生！》封面

《华夫先生！》讲述了黑猫华夫先生与外星人大战的故事。惟妙惟肖的画面深深吸引着幼儿：长相怪异的外星人、神秘的蚁穴探险、外星人和蚂蚁合作与华夫先生的斗智斗勇……画面中人物语言对话的符号能引起幼儿的探究兴趣。幼儿可以根据画面内容自由讲述故事情节，在研究外星语言中理清每个外星人可能说的话。这本图书投放在阅读区能够引发幼儿观察画面，有条理地说出故事的大致内容并在阅读中分享交流自己的发现。

主线

外星人与蚂蚁合作，同华夫先生斗智斗勇的故事。

预期阅读重点

能够仔细观察画面信息，理解故事内容，并能用语言生动地讲述。

预期阅读难点

画面信息量大，幼儿需要懂得在画面中寻找相关线索，进行联想和推理。

温馨提示

1. 提供阅读卡，让幼儿记录阅读情况，分享交流环节让幼儿持卡进行交流。

2. 丰富幼儿有关飞船的能量箱、壁画等经验。

（设计者：张铃枫）

爱哭公主（大班）

图书解析

《爱哭公主》封面

许多幼儿都有爱哭、任性的小脾气。当幼儿用大哭的方式表达自己的需求时，家长会怎么做？或无奈或生气或远离？《爱哭公主》是一本好看的情绪管理的绘本，讲述了一个温馨有趣、充满想象的故事：爱哭公主在办粉红色生日派对的时候因为出现了一只黄色气球而大哭，影响了派对的正常进行，后来在妈妈的引导下学习调整自己的情绪，成功举办了黄色派对。该书内容丰富，有许多幽默的情景和有趣的细节，适合投放在阅读区供幼儿反复阅读。

主线

爱哭公主学会管理自己情绪的方法，成为“爱咪公主”。

辅线

学习调节不良情绪，保持愉快的心情。

预期阅读重点

1. 能观察画面细节，讲述画面内容。
2. 知道爱哭公主调节不良情绪的方法。

可能拓展的活动

引导幼儿观察封底，鼓励幼儿创编蓝色派对上发生的事。

（设计者：李　欢）

迟到大王（大班）

图书解析

绘本《迟到大王》讲述的是一个小男孩因为遇到鳄鱼、狮子、水灾等原因而上学迟到，当他向老师陈述理由时，老师却认为小男孩说谎并惩罚他。最后，老师被大猩猩抓到屋顶上向小男孩求救时，小男孩也选择不相信老师。该绘本透过幽默而鲜明的画面，呈现了老师与小男孩之间生动的对话、表情等。该绘本表达的主题是儿童需要成人的信任，在信任中成长的孩子是健康快乐的。

《迟到大王》封面

主线

小男孩迟到的原因以及小男孩被老师惩罚时的情绪和行为表现。

辅线

成人与儿童之间相互信任的重要性。

预期阅读重点

1. 能通过图文结合，读懂小男孩上学路上发生的一连串的事情。
2. 能细致观察老师和小男孩的表情与动作，体验二者不同的情绪。

预期阅读难点

理解当老师被大猩猩抓到屋顶时，小男孩并没有把老师救下来的原因。

（设计者：卓丽瑛）

武士与龙（大班）

图书解析

《武士与龙》描绘了一个武士和一条龙带着自己兵器和绝招来比武，双方都一败涂地，最终在图书管理员的启发下，成功地经营烤肉餐厅的有趣过程。作者用这种风趣幽默的方式诠释了和谐共处的道理。漫画式的风格、环环相扣的故事情节，让读者忍不住一页页往下翻阅。

《武士与龙》封面

主线

武士与龙围绕比武，展开了一系列的情节：计划比武—准备比武—真实比武—合作阅读—开“武士与龙烤肉餐厅”。

辅线

1. 知识蕴含着巨大的力量，阅读就是获取知识的最佳途径。
2. 和谐共处是双方共赢的最好方式。

预期阅读重点

了解武士与龙从准备比武到合作的过程。

预期阅读难点

在读懂绘本的基础上，细心观察武士与龙的学习方式，明白阅读能给人巨大的帮助。

温馨提示

教师可先把绘本投放在区域中让幼儿自主阅读，待幼儿阅读后，可与幼儿共同梳理绘本故事的情节。

（设计者：郝哲欣）

神奇糖果店（大班）

图书解析

《神奇糖果店》讲述了小猪走进神奇糖果店，试吃了各式各样的神奇糖果，有大力士糖果，有可以隐身的糖果，还有能变身的糖果。吃了神奇糖果后，小猪变身成大灰狼到处恶作剧。正当小猪得意地哈哈大笑时，真正的大灰狼却突然出现了，小猪运用糖果带来的超能力成功战胜了大灰狼。绘本中糖果神奇的能力是幼儿喜欢且感兴趣的。

《神奇糖果店》封面

主线

小猪吃了糖果后运用超能力成功战胜大灰狼的故事。

预期阅读重点

知道小猪运用糖果带来的超能力成功战胜大灰狼。

预期阅读难点

初步感知小猪到大灰狼镇后的心理变化以及小猪在遇到困难时积极想办法解决困难的品质。

可能拓展的活动

引导幼儿想象各色糖果的超能力，创编故事。

（设计者：陈　羽）

我们的身体（大班）

图书解析

《我们的身体》信息大，画面直观、形象。幼儿通过阅读，能初步了解生命的开始、骨骼、心脏和血液、呼吸、消化、五官等身体奥秘。该书从幼儿的视觉出发，采用转盘、推拉、触摸、立体翻看等设计，操作性、互动性强，让幼儿在阅读过程中充满惊喜，满足幼儿对“我从哪里来”“吃的食物去哪里了”等的好奇，从而激发幼儿尊重他人身体隐私和保护自己的意识。

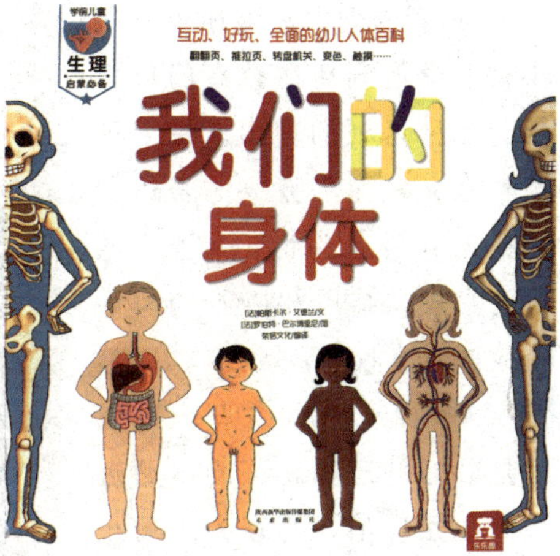

《我们的身体》封面

主线

生命的开始、骨骼、心脏和血液、呼吸、消化、五官等的身体奥秘。

预期阅读重点

1. 初步了解生命的开始。

2. 初步了解身体部位、器官与各系统的特征与功能。

预期阅读难点

初步理解关于人体的血液、神经、大脑、骨骼、肌肉等画面内容。

可能拓展的活动

在自主阅读后，引导幼儿用图文结合的方式在阅读记录卡上进行记录，并鼓励幼儿在分享交流环节大胆表达。

温馨提示

该书可根据幼儿兴趣与需要选取相应的部分进行集体教学活动，也可结合主题活动开展。

（设计者：李秀云）

迟到的理由（大班）

图书解析

《迟到的理由》讲述了一只小猪上学迟到后在教室门口想象着各种迟到的理由。每个理由幽默、有趣，巧妙地表达了小猪迟到后难为情、着急、紧张的心理。结尾却以一句实话将故事迅速收场，既出人意料，又令人信服，让幼儿明白诚实才是最好的理由。该绘本贴近大班幼儿生活，适宜大班幼小衔接阶段投放在阅读区供幼儿自主阅读。

《迟到的理由》封面

主线

1. 小猪想象的七个理由和出乎意料的结尾。

2. 小猪诚实的品质。

辅线

知道要守时。

预期阅读重点

知道小猪想象的七个理由，感受小猪迟到后的心理活动。

预期阅读难点

大胆猜测小猪进教室后会跟老师说哪个理由。

可能拓展的活动

用图文结合的方式在阅读卡上记录并与同伴交流。

（设计者：李秀云）

数字在哪里（大班）

图书解析

《数字在哪里》以数字贯穿整本书，画面形象，色彩饱满，内容简单易懂。幼儿通过阅读该图书，可以知道数字在我们生活中无处不在，可以表示不同的用途，如可以表示时间、日期、温度、体重、电话号码等。

《数字在哪里》封面

主线

生活中不同场景的数字表示不同的意义。

预期阅读重点

理解画面，读懂每一页数字所代表的意义，对生活中的数字有初步的理解。

预期阅读难点

通过画面理解数字在生活中是如何运用的，特别是对第22～31页进行观察理解。

可能拓展的活动

1. 玩飞行棋、五子棋，感知数字的运用。
2. 玩加减运算。
3. 用数进行排序。
4. 给汽车设计车牌号。
5. 读懂温度计、时钟，并记录温度及时间。

（设计者：姚雨桐）

100 层的房子（大班）

图书解析

《100 层的房子》文字虽少，但画面十分丰富，动物形态生动、有趣。随着多奇的视野，我们看到每十层住着一种小动物，每层楼中的插图非常注重情节和细节，构思精彩，充分展现这一动物的明显特征和习性。每个楼层不仅功能不同，且每层楼的小物件、楼梯造型等装饰都与动物的外形特征、生活习性相呼应。幼儿可以边看边想象里面发生的故事，能充分发挥观察力，满足好奇心。

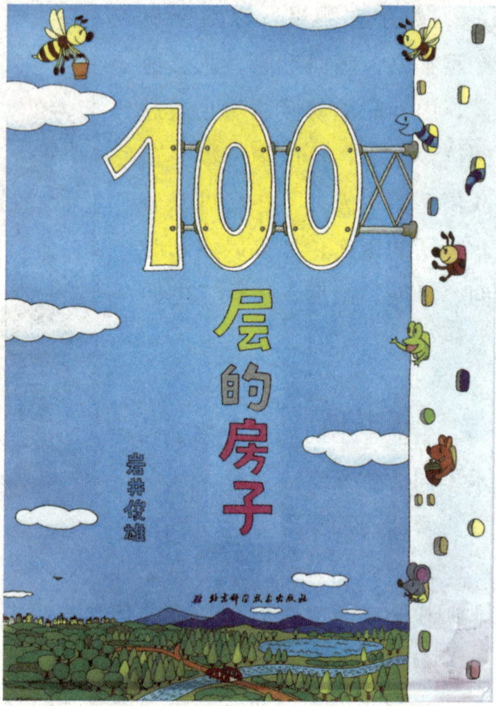

《100 层的房子》封面

全书采用纵开的方式，翻阅时从上往下翻页，上下两页是一个整体画面，都是十层楼，居住着同种动物。每页阅读时应从下往上看，边看边翻有一种一层层往上爬楼的感觉。

主线

多奇参观 100 层的房子，最后见到蜘蛛王子的过程。

辅线

1. 动物的居住环境与动物习性有关。

2. 人与动物的和谐相处。

预期阅读重点

能观察画面细节，了解不同动物的生活场景，并用语言表述动物的特征与生活习性。

《100 层的房子》内文画面

可能拓展的活动

学用图文结合的方式在阅读卡上记录并与同伴交流。

温馨提示

推荐阅读同系列绘本：《地下 100 层的房子》《海底 100 层的房子》。

（设计者：李秀云）

再见，电视机（大班）

图书解析

《再见，电视机》运用拟人手法，以电视机为主角，讲述了里昂一家看电视过度，使电视机晕倒的故事。绘本用妙趣横生、诙谐幽默的方式让幼儿明白不能长时间看电视。同时，里昂一家人的转变也启发了幼儿，除了看电视还有很多有趣、有意义的活动可以做。

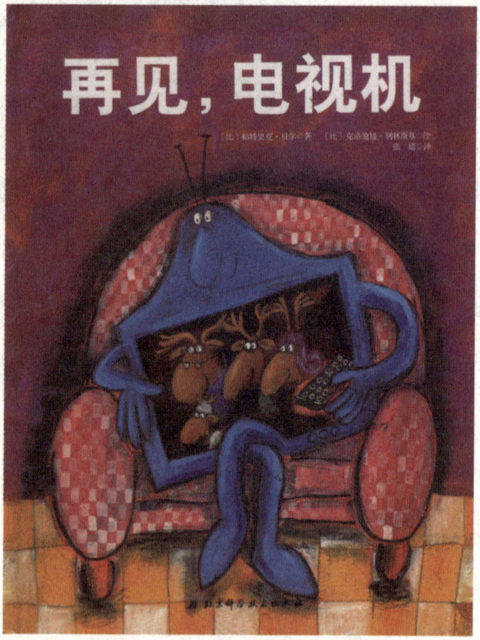

《再见，电视机》封面

主线

里昂一家从疯狂依赖电视到摆脱电视的过程。

辅线

生活中还有很多其他有趣的事可以做。

预期阅读重点

理解里昂一家看电视过度导致电视晕倒的原因。

预期阅读难点

第 14、15 页，画面内容是里昂一家没有电视的陪伴而无聊的生活状态。理解这两页的内容，需要幼儿根据前面的内容加以联想。

可能拓展的活动

1. 续编故事。提供纸笔，引导幼儿运用绘画或符号续编故事。

2. 表演故事。提供电视机、里昂一家人等的头饰及道具，供幼儿根据故事内容自主表演。

（设计者：陈晓莉）

好先生艾利希（大班）

图书解析

《好先生艾利希》中的主角好先生艾利希长着一个长鼻子，这个鼻子有许多本领，总是在别人有需要的时候及时提供帮助。最后，艾利希先生在帮助别人时自己却病倒了，所有得到他帮助的人共同为他缝制了一条大手帕。这本书主线清晰、情节反复，天马行空的想象生动有趣。图书中塑造的形象充满英雄主义色彩，与幼儿所熟悉的超人、蜘蛛侠形象类似。

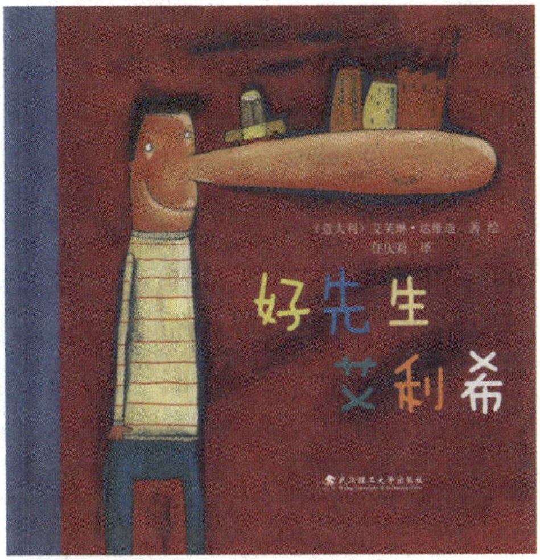

《好先生艾利希》封面

主线

好先生艾利希用他的长鼻子在恰当的时候为不同的人提供适合的帮助。

辅线

好先生艾利希乐于帮助他人的品质。

预期阅读重点

知道艾利希先生在人们遇到困难时，怎样用自己的长鼻子给予人们怎样的帮助。

预期阅读难点

了解当艾利希先生生病感冒时，大家又如何帮助艾利希。

可能拓展的活动

续编绘本内容：好先生艾利希还会遇到什么人？他们遇到了什么困难？艾利希是怎样帮助他们的？

（设计者：陈巧月）

爱打嗝的斑马（大班）

图书解析

《爱打嗝的斑马》讲述了一匹斑马注重形象，从不做不守规矩的行为。有一天，斑马打嗝打个不停，他的动物朋友热情地帮助他想了各种消除打嗝的办法，幽默十足，“鬼”计多端，但斑马都不接受。后来斑马因打嗝而失去了他漂亮的条纹，非常着急，主动寻找他的动物朋友解决打嗝的问题，终于消除了打嗝。从此，斑马从所谓的规矩中走出来，融入动物朋友们轻松幽默的氛围中。

《爱打嗝的斑马》封面

《爱打嗝的斑马》画面丰富，情节生动有趣，角色对话幽默，动物朋友们在轻松幽默的氛围中帮助斑马出谋划策，最后消除了打嗝。过程时而轻松搞笑，时而紧张凝重，很适合大班幼儿阅读。

主线

斑马从不接受动物朋友的意见到主动找朋友解决打嗝的过程。

辅线

斑马与动物朋友共同解决困难。

预期阅读重点

通过仔细观察画面，了解动物朋友帮助斑马消除打嗝的各种办法。

预期阅读难点

理解斑马前后态度的转变。

可能拓展的活动

提供动物服饰供幼儿表演故事《爱打嗝的斑马》。

（设计者：林金芳）

幼儿园里我最棒（大班）

图书解析

《幼儿园里我最棒》讲述了在幼儿园的毕业典礼那天，艾波比老师问了大家最后一个问题："谁来猜一猜幼儿园里最棒的是什么？"小朋友们有的说是分享时光，有的说是游戏室，有的说是积木角……艾波比老师对每个小朋友的回答都给予了鼓励，但是这些都不是她心目中的答案。在毕业典礼上，艾波比老师大声地说："你们，我的学生们，才是幼儿园里最棒的！"幼儿在观察画面的基础上，会分享交流自己认为最棒的事情，提高自身的自信心。

《幼儿园里我最棒》封面

主线

艾波比老师围绕"幼儿园里最棒的是什么？"与小朋友们展开的讨论。

辅线

1. 小朋友回顾幼儿园度过的欢乐时光，感受小朋友们喜欢幼儿园的情感。
2. 艾波比老师爱每一个孩子。

预期阅读重点

能够认真观察画面，自由表达幼儿园里多姿多彩的一日生活，知道每个小朋友都有自己认为最棒的幼儿园生活。

预期阅读难点

理解艾波比老师说的"我的学生们，才是幼儿园里最棒的"，感受老师对孩子们深深的爱。

可能拓展的活动

幼儿可以根据自己在园的生活经验仿编故事内容。

温馨提示

该书可在大班毕业典礼之前投放到阅读区。

（设计者：张铃枫）

三顶帽子几个人（大班）

《三顶帽子几个人》封面

图书解析

《三顶帽子几个人》从主人公视角，以丰富的生活场景和逗趣的语言，让幼儿不知不觉沉浸在阅读之中，吸收了数与量的相关知识。该绘本充满了创意、趣味和幽默感，画风和线条近似涂鸦，内容丰富，信息量大，量词繁多，适宜大班幼儿阅读。幼儿可以通过观察画面，结合表述，学习使用准确的量词。

主线

生活情景中的数量关系。

预期阅读重点

学习使用准确的量词。

预期阅读难点

分类的相关知识是难点。

温馨提示

可以在区域中投放量词卡片引导幼儿进行配对操作。

（设计者：林佳琦）

金教鞭

班里来了一头猪（大班）

图书解析

《班里来了一头猪》封面

《班里来了一头猪》讲述了一头世界上最孤独的猪，住在学校后面的围栏里。它很想冲出围栏，去学校里跟小朋友们一起玩，可学校规定猪是不允许进来的。幸好，聪明的长发蜜蜜想到了一个办法，让小朋友们各自脱下了自己的一件服饰，给猪穿上了毛衣、裤子，还系上了围巾，装扮成小朋友的模样，并且大家一起想出各种“藏猪”的办法避免老师发现。猪成功地混进学校和孩子们一起游戏与学习。最后老师发现了，猪被赶了出来。结局又有了转折，老师和小朋友戴上猪鼻子去看望猪，与猪一起交朋友，一起游戏。

故事的情节丰富，内容夸张有趣。在孩子们的精心策划中，猪到底能不能成功混进班级、到底会不会被老师发现，人物心理活动的变化及表情的展现都十分丰富。最后故事的转折又为大家呈现出一种和谐之美。

主线

小朋友们把一只孤独的猪伪装成小朋友混进学校，并想出各种“藏猪”方法，但最后被老师发现。

辅线

人和动物可以和谐共处。

预期阅读重点

1. 观察画面内容，体会角色的心理变化。
2. 知道猪是如何被带进班级的，又是如何被发现的。

预期阅读难点

理解老师为什么要带小朋友去看望猪，老师为什么向猪道歉。

（设计者：李　欢）

一园青菜成了精（大班）

图书解析

《一园青菜成了精》封面

《一园青菜成了精》讲述了本该无比清静的菜园，突然热闹起来，不甘平庸的蔬菜们痛痛快快大战一场，待仗打完，蔬菜们都成熟了。这本根据生动而充满想象力的童谣改编的绘本，巧妙地蕴藏了蔬菜们的特性，充满了智慧的幽默。写意式的画法抓住了不同种类蔬菜的特性，看起来栩栩如生，充满了趣味。语言朗朗上口，引人入胜。本书非常符合大班幼儿好动、爱打斗的特点。

主线

一园青菜“成精”，打了一仗后蔬菜们都成熟了。

辅线

蔬菜的不同特性。

预期阅读重点

了解不同种类蔬菜的特性在战斗中发挥的作用。

预期阅读难点

了解青菜“成精”的过程中运用了拟人的手法。

温馨提示

1. 在投放绘本之前，引导幼儿理解绘本中童谣的内容，在幼儿熟悉童谣内容的基础上支持幼儿阅读绘本。

2. 在表演区提供头饰，让幼儿表演。

3. 迁移蔬菜的经验，利用水果进行仿编。

（设计者：林佳琦）

森林里的樱桃树（大班）

图书解析

《森林里的樱桃树》封面

《森林里的樱桃树》是一本 3D 立体绘本，画面清新，故事温馨，用直观具象的方式还原植物生长的全过程。

翻开绘本的第 1 页，一棵茂盛的樱桃树跃然入眼，伴随着动物们情趣百态的采摘画面。第一年春天来临时，拉动红色小箭头，一颗颗小苗就会从土地里钻出来；第二年春天，转动樱桃树旁边的齿轮，一朵朵樱桃花随之绽放，感受开花的奇妙过程……读者在旋转、翻页、抽拉等互动过程中身临其境地感受一棵樱桃树从种子到发芽的过程，领略樱桃树一年四季的变化，了解樱桃的内部结构和外在特征，感受樱桃树结果后收获的喜悦。

主线

1. 樱桃树的生长、开花、结果的过程。
2. 樱桃的内部结构与外部特征。

辅线

树木一年四季的变化及其生长所需的外部环境。

预期阅读重点

通过自主阅读了解绘本中樱桃树生长、开花、结果的过程，了解樱桃果实的结构。

预期阅读难点

该绘本中所蕴含的内容丰富，若未经梳理与适宜的指导，幼儿阅读后对其中的一些科学知识可能会理解不够准确或产生混淆。

可能拓展的活动

采用记录的方式帮助幼儿梳理绘本中所呈现的科学知识。

（设计者：王　瑾）

肚子里有个火车站（大班）

图书解析

《肚子里有个火车站》画面生动、具体、形象，将故事中朱莉娅的肚子比喻成一座忙碌的火车站，生动地描述了食物在消化系统消化、吸收的过程。这本书不仅描述了消化系统的科学知识，还用幼儿能听得懂、感兴趣的方式，幽默诙谐地告诉幼儿应该如何注意饮食，从而帮助幼儿养成健康的饮食习惯。

《肚子里有个火车站》封面

主线

肚子精灵在肚子火车站（人体消化系统）里的工作（消化）过程。

辅线

养成健康饮食习惯的重要性。

预期阅读重点

观察画面，理解肚子精灵的工作过程，初步了解食物的消化过程。

预期阅读难点

理解小精灵们举行抗议活动的原因，帮助养成健康的饮食习惯。

可能拓展的活动

1. 为什么后来茱莉娅的肚子会疼起来呢？让幼儿谈谈有没有过同样的经历。

2. 投放纸笔、页码贴纸等，以“食物的神奇旅行”为题，鼓励幼儿进行想象和续编，自制图书。

温馨提示

1. 该书适宜在开展相应主题活动后投放在阅读区供亲子共读。

2. 该书适合在教师导读后投放在阅读区供幼儿自主阅读。

（设计者：陈巧月）

一颗叫“慢吞吞”的种子（大班）

图书解析

《一颗叫“慢吞吞”的种子》讲述了小姑娘布谷得到一颗名叫“慢吞吞”的种子，她种下种子后，在等待种子生长的过程中“期待—质疑—幻想—做梦”，最后在妈妈的帮助下用转移注意力的方法，缓解了等待时的焦虑情绪，学会了耐心等待。

《一颗叫“慢吞吞”的种子》封面

主线

布谷种下种子后，从焦急等待种子长大，到在妈妈的帮助下学会耐心等待。

辅线

科学的种植方法。

预期阅读重点

观察画面，理解布谷种下种子后的行为以及她的情绪变化。

预期阅读难点

理解布谷为什么会做梦。

可能拓展的活动

引导幼儿联系实际生活，想想当自己生气、焦急、害怕时，可以用哪些办法缓解，并将自己的想法记录下来。

（设计者：陈　羽）

动物绝对不应该穿衣服（大班）

图书解析

《动物绝对不应该穿衣服》封面

《动物绝对不应该穿衣服》讲述了不同的动物穿上衣服后发生的一系列荒谬可笑的事。虽然从第一页到最后一页都在重复着同一个主题——动物绝对不应该穿衣服，但越来越夸张。幼儿喜欢这种重复、夸张。作者透过这样一个看似好笑的故事，是想告诉我们：千万不要违背了大自然的规律，否则将是一场灾难！阅读本书，能让幼儿了解动物真实的自然生活。绘本中图画与文字搭配，充分展现出幽默感。

主线

动物不应该穿衣服的原因。

辅线

尊重自然规律，明白动物不适合穿衣服。

预期阅读重点

了解动物们穿上衣服发生了荒谬可笑的事情。

预期阅读难点

能说出动物不应该穿衣服的原因。

可能拓展的活动

提供各种动物卡片，让幼儿编一编、说一说常见动物穿上衣服后的情景。

温馨提示

幼儿对动物的特征有基本的了解。

（设计者：林金芳）

自制图书案例

画画（教师自制图书）

《画画》封面

《画画》环衬一

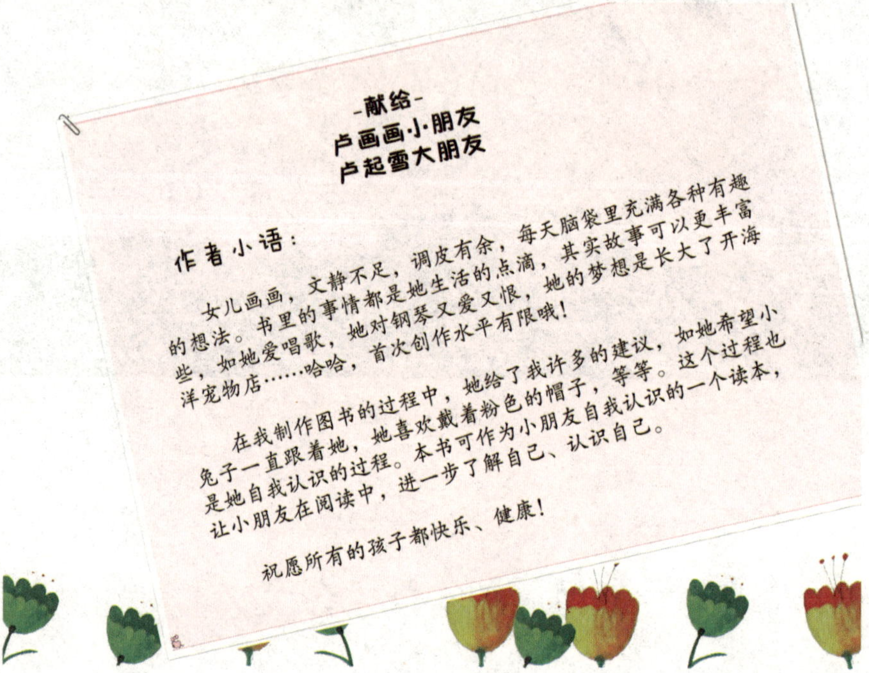

-献给-
卢画画小朋友
卢起雪大朋友

作者小语：

女儿画画，文静不足，调皮有余，每天脑袋里充满各种有趣的想法。书里的事情都是她生活的点滴，其实故事可以更丰富些，如她爱唱歌，她对钢琴又爱又恨，她的梦想是长大了开海洋宠物店……哈哈，首次创作水平有限哦！

在我制作图书的过程中，她给了我许多的建议，如她希望小兔子一直跟着她，她喜欢戴着粉色的帽子，等等。这个过程也是她自我认识的过程。本书可作为小朋友自我认识的一个读本，让小朋友在阅读中，进一步了解自己、认识自己。

祝愿所有的孩子都快乐、健康！

《画画》环衬二

金教鞭

《画画》扉页

《画画》画面一

《画画》画面二

《画画》画面三

《画画》画面四

《画画》画面五

《画画》画面六

《画画》画面七

《画画》画面八

《画画》画面九

《画画》封底

（设计、制作者：孙彩霞）

我爱爸爸（亲子自制图书）

《我爱爸爸》封面

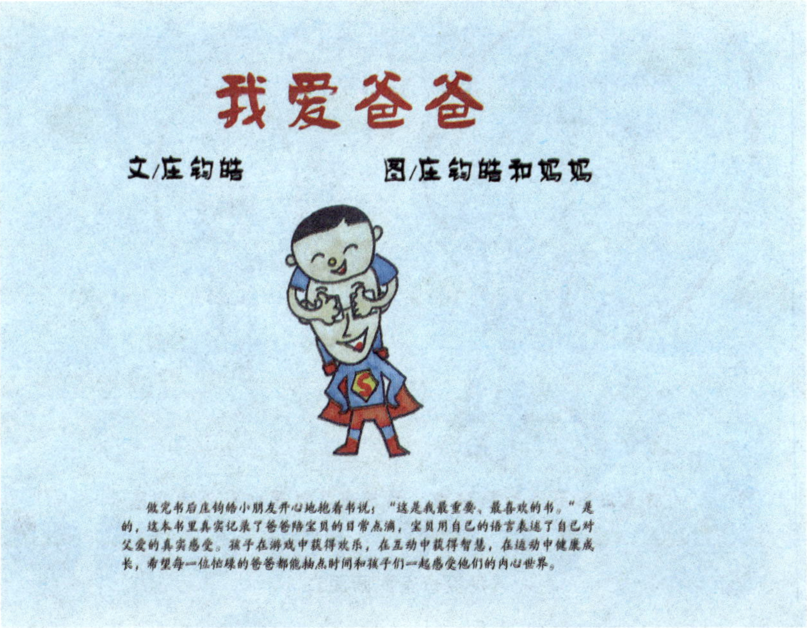

《我爱爸爸》扉页

《我爱爸爸》画面一

《我爱爸爸》画面二

《我爱爸爸》画面三

《我爱爸爸》画面四

《我爱爸爸》画面五

《我爱爸爸》画面六

《我爱爸爸》画面七

（设计、制作者：张钧皓　指导者：张铃枫）

我们不一样（师幼自制图书）

《我们不一样》封面

《我们不一样》封底

《我们不一样》画面一

《我们不一样》画面二

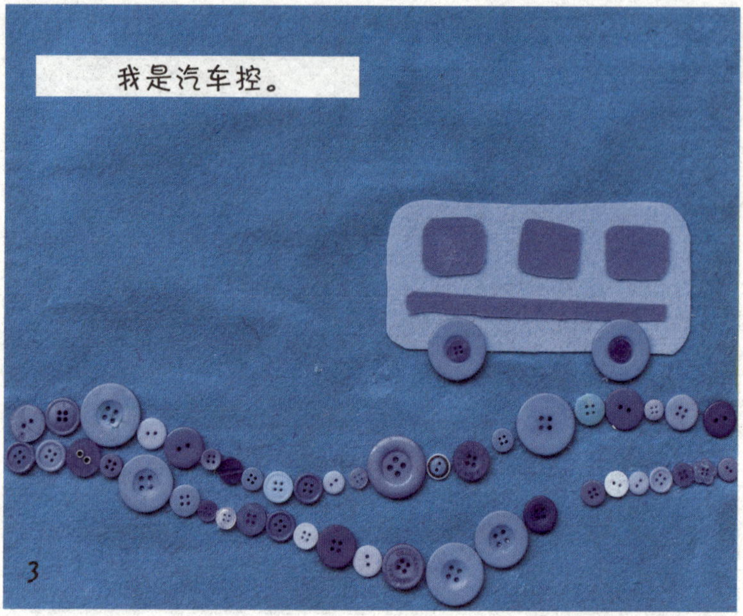

《我们不一样》画面三

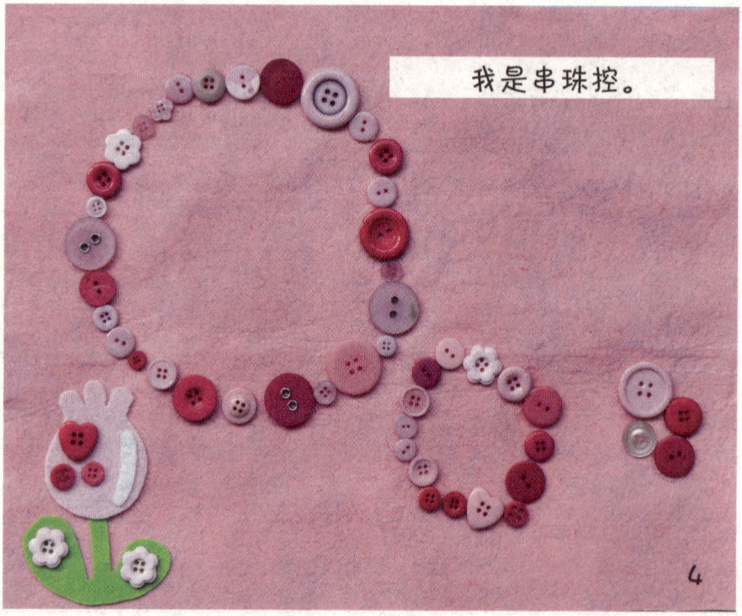

《我们不一样》画面四

《我们不一样》画面五

《我们不一样》画面六

《我们不一样》画面七

《我们不一样》画面八

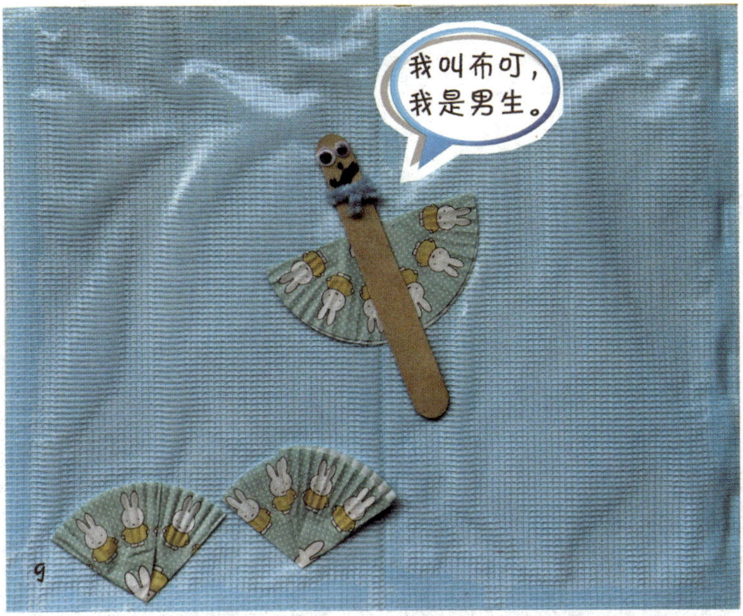

《我们不一样》画面九

《我们不一样》画面十

（设计、制作者：郑子涵、林沛旻　指导者：王瑾、龚彦）

送星星回家（幼儿自制图书）

《送星星回家》封面

《送星星回家》画面一

《送星星回家》画面二

《送星星回家》画面三

《送星星回家》画面四

《送星星回家》画面五

《送星星回家》画面六

《送星星回家》画面七

《送星星回家》画面八

（设计、制作者：林晨兮）